EASY ICHIBAN いちばん 일본어

저자 박나리, 김선혜, 김선리, 田立いずみ
감수 김조웅

초급 4

시작하는 글

요즘 학습자들은 콩글리시를 구사하기 싫어하듯이 코패니즈(바르지 못한 일본어) 또한 구사하기 싫어한다. 모두가 세련되고 정확한 일본어를 구사하고 싶어한다.

단기간의 일본여행에서도 다른 사람의 도움없이 본인 스스로 일본 사람들과 부딪히며 여행을 즐기고 싶어하며, 자막없이 일본 드라마를 보고 싶어하는 요즘 학습자들은 모험을 즐길 줄 아는 참으로 대담하고 똑똑한 학습자들이다.

하지만 지금까지 출간된 책들은 아무리 똑똑한 학습자들이더라도 2개월을 넘기지 못하게 만든 책들이 대부분이었다. 2개월까지 배우고 나면 그 이후의 내용이 갑자기 어려워지거나 혼란스러워져서 학습 의욕을 잃어버리게 했기 때문이다.

그래서 이 책은 2개월을 넘어 기초 단계가 끝나는 4개월 째까지 자연스럽고 재미있게 학습 할 수 있도록 난이도를 조절하였으며 다양한 콘텐츠를 이용해 구성하였다. 특히 이 책의 특징 중의 하나는 형용사 보다 동사가 먼저 나온다는 점이다. 일본어를 처음 공부하는 학습자들에게 동사 활용이 형용사보다 먼저 나오는 것이 어려울 수도 있지만, 많은 양의 동사가 아니더라도 동사를 이용하여 일본어 회화 연습을 함으로써 학습자들의 흥미를 유발할 수 있기 때문이다.

학습자뿐 아니라 가르치는 교사로서도 실제 수업에서 가르치는 순서대로 책의 내용을 구성하였기 때문에 쓸데없는 시간을 줄여 효율적이고 능률적인 수업이 가능하도록 하였다. 어떤 내용을 어떤 순서로 가르치고 학습하느냐에 따라서 학습자들의 실력이 좌우되기 때문이다.

이 책을 통해 학습자와 교사 모두가 쉽고 재미있게 학습하여 중급코스까지 이어나가길 간절히 바란다.

저자 일동

본 교재의 구성과 특징

1 핵심 포인트

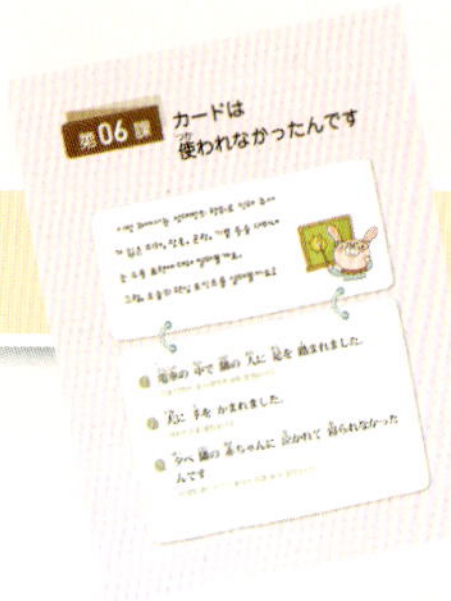

각 과에서 무엇을 배우고 익혀야 하는지 미리 제시하여 이해할 수 있게 하였습니다.

2 문형 연습

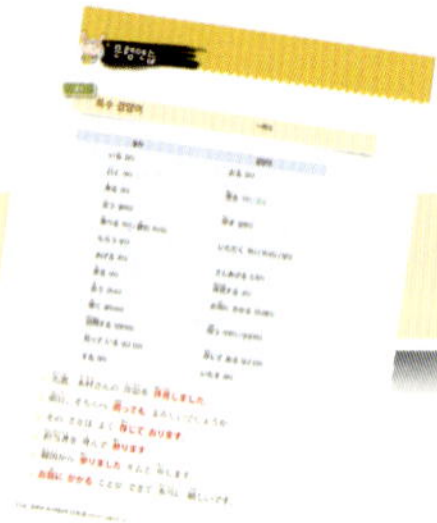

핵심 포인트에서 알아 본 문형을 자세한 설명과 다양한 예문을 통해 쉽게 익힐 수 있도록 하였습니다.

3 체크 포인트

문형연습에서 학습한 문법을 다양한 문제를 통해 확인할 수 있게 하였습니다. 문제의 난이도는 3단계로 나누어 구성하여 쉬운 문제부터 풀면서 일본어에 자신감이 붙을 수 있도록 하였습니다.

4 회화 체크

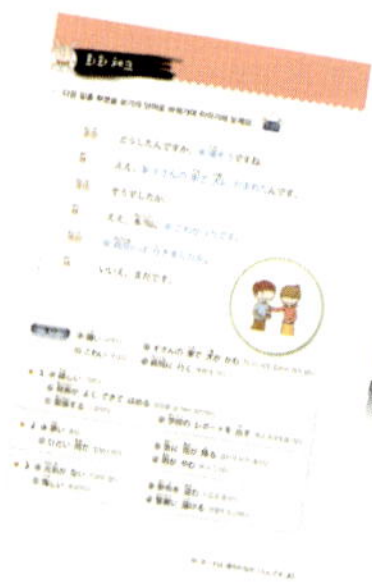

문형 연습에서 학습한 문형을 이용해서 대화문을 만들어 보는 연습을 할 수 있게 하였습니다. 학습자들은 이 연습을 통해 앞에서 배운 문형이 대화에서 어떻게 응용되는지 익힐 수 있게 됩니다.

5 회화 본문

학생과 회사원, 남자와 여자 등의 등장인물을 통해 회화문의 내용을 보다 실생활에 밀접한 내용들로 다양하게 구성하였으며, 회화 본문을 다시 한번 천천히 들으며 따라 읽도록 하는 훈련을 통해 자신감 향상과 더불어 실전에 응용할 수 있도록 하였습니다.

6 듣기 연습

각종 시험에서도 듣기 평가가 강조되고 있는 추세에 맞추어 각 과에 듣기 평가 문제를 수록하였습니다. 문제의 구성은 들으면서 즉시 응답할 수 있는 문제와 전체 내용을 파악한 후 O, X로 답해 보는 문제, 들으면서 문장을 적어 보는 연습 등 다양하게 구성하여 듣기와 쓰기 연습을 함께 할 수 있게 하였습니다.

7 단어 총정리

각 파트에서 나온 단어를 한 페이지에 정리하여 학습자들이 한눈에 보며 암기하면서 듣고 말할 수 있도록 만들었습니다.

8 한자 체크

간판과 광고, 잡지 등 일상생활에서 흔히 볼 수 있는 한자를 통해 자연스럽게 학습할 수 있도록 하였으며 쓰기란을 두어 한자를 바르게 쓸 수 있는 연습을 할 수 있게 하였습니다.

✲독해 및 그림 연습 코너를 통해 다양한 방식으로 지금까지 학습한 내용을 이용해서 말해 보는 연습을 할 수 있도록 하였습니다.

차례

第01課 体(からだ)にも　よさそうですね

이번 과에서는 확실하지는 않지만 겉모습만 보고 왠지 그럴 것 같다고 추측하는 표현에 대해 알아 볼게요。

그럼, 핵심포인트를 살펴볼까요?

1. この　りんごは　おいしそうですね。
   이 사과 맛있어 보이네요.
2. この　りんごは　おいしく　なさそうです。
   이 사과는 맛있을 것 같지 않습니다.
3. 雨(あめ)が　降(ふ)りそうです。
   비가 내릴 것 같습니다.
4. 暖(あたた)かそうな　コートを　着(き)て　いますね。
   따뜻해 보이는 코트를 입고 있네요.
5. 今(いま)にも　泣(な)き出(だ)しそうに　見(み)えます。
   금방이라도 울음을 터뜨릴 것 같아 보입니다.

문형연습

01 ～そうです　～(일) 것 같습니다 [양태]

- 어떤 것을 판단함에 있어 사실을 확인하지는 못했지만 인상과 겉모습으로 보아 '～일 것 같다' 라고 예상할 때 사용하는 표현이랍니다.

		긍정		부정	
	기본형	활용방법	예문	활용방법	예문
ナ형용사	暇(ひま)だ 한가하다	기본형「～~~だ~~」+ そうです	暇(ひま)そうです 한가한 것 같습니다	기본형「～~~だ~~」+じゃ +なさそうです	暇(ひま)じゃなさそうです 한가한 것 같지 않습니다
イ형용사	おいしい 맛있다	기본형「～~~い~~」+ そうです	おいしそうです 맛있을 것 같습니다	기본형「～~~い~~」+く+ なさそうです	おいしく なさそうです 맛있을 것 같지 않습니다
동사	落(お)ちる 떨어지다	동사의 ます형+ そうです	落(お)ちそうです 떨어질 것 같습니다	동사의 ない형 +なさ そうです 동사의 ます형 +そう に ありません	落(お)ちなさそうです 落(お)ちそうに ありません 떨어질 것 같지 않습니다
예외	いい 좋다	よさそうです 좋을 것 같습니다		よく なさそうです 좋을 것 같지 않습니다	
	ない 없다	なさそうです 없을 것 같습니다		•	

▷ この りんごは おいし**そうです**ね。

▷ 田中(たなか)さん、今日(きょう)は 気分(きぶん)が よさ**そうです**ね。

▷ みんな 忙(いそが)し**そうだった**ので、私(わたし)も 帰(かえ)れませんでした。

▷ 結婚式(けっこんしき)の 日(ひ)、新郎(しんろう)と 新婦(しんぷ)は 幸(しあわ)せ**そうでした**。

▷ シャツの ボタンが とれ**そうです**よ。

▷ 今にも 雨が 降り**そうです**。

▷ とても 大きくて 私の かばんに 入り**そうに** ありません。

りんご 사과　気分 기분　結婚式 결혼식　新郎 신랑　新婦 신부　幸せだ 행복하다　シャツ 셔츠

ボタンが とれる 단추가 떨어지다　今にも 당장이라도　入る 들어가다

02

~そうな + [명사]　~(일) 것 같은~

~そうに + [동사 / 형용사]　~(일) 것 같이~

▷ 丈夫**そうな** かばんですから、きっと 大丈夫でしょう。

▷ 暖か**そうな** コートを 着て いますね。

▷ 今にも 泣き出し**そうに** 見えます。

丈夫だ 튼튼하다　きっと 분명히, 틀림없이　大丈夫だ 괜찮다　暖かい 따뜻하다　コート 코트

泣き出す 울음을 터트리다

체크 포인트

01 다음 그림을 보고 예와 같이 문장을 만들어 보세요.

예

おいしい

→ この パンは おいしそうですね。

① 甘(あま)い

→ ______________________________。

② 高(たか)い

→ ______________________________。

③ 親切(しんせつ)だ

→ ______________________________。

④ 頭(あたま)が いい

→ ______________________________。

⑤ 雨(あめ)が 降(ふ)る

→ ______________________________。

⑥ 荷物(にもつ)が 落(お)ちる

→ ____。

⑦ おもしろく ない

→ ____。

甘(あま)い 달다　頭(あたま)が いい 머리가 좋다　荷物(にもつ) 짐　落(お)ちる 떨어지다

02 다음 그림을 보고 예와 같이 문장을 만들어 보세요.

예

① おいしい / ケーキ

→ おいしそうな ケーキです。

예

② ボタンが とれる / なる

→ ボタンが とれそうに なります。

① 便利(べんり)だ / 車(くるま)

→ ____。

체크 포인트

② 今(いま)にも 泣(な)き出(だ)す / 子供(こども)

→ ＿＿＿＿＿＿＿＿＿＿＿＿＿＿＿＿＿＿＿＿。

③ 嬉(うれ)しい / 女(おんな)の人(ひと)

→ ＿＿＿＿＿＿＿＿＿＿＿＿＿＿＿＿＿＿＿＿。

④ 幸(しあわ)せだ / 笑(わら)う

→ ＿＿＿＿＿＿＿＿＿＿＿＿＿＿＿＿＿＿＿＿。

⑤ 楽(たの)しく ない / 見(み)える

→ ＿＿＿＿＿＿＿＿＿＿＿＿＿＿＿＿＿＿＿＿。

便利(べんり)だ 편리하다　　嬉(うれ)しい 기쁘다

회화 체크

다음 밑줄 부분을 보기의 단어로 바꿔가며 이야기해 보세요. 01

林(はやし)	キムさん、ⓐ 空(そら)を 見(み)て みて。
キム	どうしたんですか。
林(はやし)	ⓑ 雨(あめ)が 降(ふ)りそうでしょう。
キム	ⓒ とても 曇(くも)って いるし、本当(ほんとう)に ⓑ 雨(あめ)が 降(ふ)りそうですね。
林(はやし)	ⓓ 早(はや)く 家(うち)に 帰(かえ)りましょう。
キム	ええ。

보기
ⓐ 空(そら) 하늘　ⓑ 雨(あめ)が 降(ふ)る 비가 오다
ⓒ とても 曇(くも)って いる 매우 흐리다　ⓓ 早(はや)く 家(うち)に 帰(かえ)る 빨리 집에 돌아가다

1. ⓐ この 本(ほん) 이 책　ⓑ 難(むずか)しい 어렵다
ⓒ 漢字(かんじ)も たくさん 書(か)いて ある 한자도 많이 쓰여 있다
ⓓ ほかの 本(ほん)も 見(み)て みる 다른 책도 살펴보다

2. ⓐ あの 子供(こども) 저 아이　ⓑ 泣(な)く 울다
ⓒ お母(かあ)さんも いない 엄마도 없다　ⓓ ちょっと 行(い)って みる 좀 가 보다

3. ⓐ あの 人(ひと) 저 사람　ⓑ 親切(しんせつ)だ 친절하다
ⓒ ずっと ほほ笑(え)んで いる 계속 미소짓고 있다
ⓓ あの 人(ひと)に 聞(き)いて みる 저 사람에게 물어 보다

다나카와 박유리가 함께 식사를 하며 이야기 나누고 있습니다.

회화

体(からだ)にも よさそうですね 02

田中 ゆりさん！ 今日(きょう)は ぼくが おごりますから どうぞ たくさん 食(た)べて ください。

パク いただきます。うーん、おいしい！ 私(わたし)、これ 大好(だいす)きなんです。

田中 それは 何(なん)ですか。ちょっと 辛(から)そうですが。

パク これは ゴルベンイムチムと いう 料理(りょうり)ですが、あまり 辛(から)く ないんですよ。田中(たなか)さんも どうぞ 食(た)べて みて ください。

田中 わあ、おいしい！ 新鮮(しんせん)で 体(からだ)にも よさそうですね。

パク はい、体(からだ)に いい 物(もの)ですから、たくさん 食(た)べて ください。

단어

ぼく 나　おごる 한턱내다　いただきます 잘 먹겠습니다
大好(だいす)きだ 매우 좋아하다　料理(りょうり) 요리　辛(から)い 맵다
新鮮(しんせん)だ 신선하다

듣기 연습

01 다음을 듣고 일치하는 그림을 골라 보세요. 03

① (　　)

a 
b 

② (　　)

a 
b 

③ (　　)

a 
b 

④ (　　)

a 
b 

02 다음 대화를 듣고 맞는 문장에는 ○, 틀린 문장에는 ×를 하세요. 04

① 女(おんな)の人(ひと)は　この　ラーメンが　辛(から)いと　思(おも)って　います。 (　　)

② 女(おんな)の人(ひと)は　辛(から)くても　大丈夫(だいじょうぶ)です。 (　　)

③ 男(おとこ)の人(ひと)は　これから　ラーメンを　食(た)べます。 (　　)

단어 총정리

문형연습 05

- ❑ りんご 사과
- ❑ 気分(きぶん) 기분
- ❑ 結婚式(けっこんしき) 결혼식
- ❑ 新郎(しんろう) 신랑
- ❑ 新婦(しんぷ) 신부
- ❑ 幸(しあわ)せだ 행복하다
- ❑ シャツ 셔츠
- ❑ ボタンが とれる 단추가 떨어지다
- ❑ 今(いま)にも 당장이라도
- ❑ 入(はい)る 들어가다
- ❑ 丈夫(じょうぶ)だ 튼튼하다
- ❑ きっと 분명히, 틀림없이
- ❑ 大丈夫(だいじょうぶ)だ 괜찮다
- ❑ 暖(あたた)かい 따뜻하다
- ❑ コート 코트
- ❑ 泣(な)き出(だ)す 울음을 터트리다

체크 포인트 06

- ❑ 甘(あま)い 달다
- ❑ 頭(あたま)が いい 머리가 좋다
- ❑ 荷物(にもつ) 짐
- ❑ 落(お)ちる 떨어지다
- ❑ 便利(べんり)だ 편리하다
- ❑ 嬉(うれ)しい 기쁘다

회화 체크 07

- ❑ 曇(くも)る 흐리다
- ❑ ほほ笑(え)む 미소짓다

회화 본문 08

- ❑ ぼく 나
- ❑ おごる 한턱내다
- ❑ いただきます 잘 먹겠습니다
- ❑ 大好(だいす)きだ 매우 좋아하다
- ❑ 料理(りょうり) 요리
- ❑ 辛(から)い 맵다
- ❑ 新鮮(しんせん)だ 신선하다

듣기 연습 09

- ❑ 危(あぶ)ない 위험하다
- ❑ 試験(しけん) 시험
- ❑ 結果(けっか) 결과
- ❑ 絵(え) 그림
- ❑ 全然(ぜんぜん) 전혀
- ❑ これから 이제부터, 지금부터

한자 체크

体

몸 체

음독 たい 体育(たいいく) 체육 体力(たいりょく) 체력

훈독 体(からだ) 몸

体 体 体

体育(たいいく)

体育 体育 体育

新

새로울 신

음독 しん 最新(さいしん) 최신 新年(しんねん) 신년

훈독 新(あたら)しい 새롭다

新 新 新

新年(しんねん)

新年 新年 新年

部

거느릴 부

음독 ぶ 全部(ぜんぶ) 전부 部分(ぶぶん) 부분

部 部 部

部分(ぶぶん)

部分 部分 部分

第02課 事故(じこ)でも あったようですね

이번 과에서는 자신의 경험 또는 감각기관을 통해 판단하여 추측하는 표현과 어떤 사물에 빗대어 말하는 비유의 표현에 대해서 알아볼게요。

1. 頭(あたま)も 痛(いた)いし、せきも 出(で)るし、風邪(かぜ)を ひいたようです。 머리도 아프고 기침도 나고, 감기에 걸린 것 같습니다.
2. 頭(あたま)も 痛(いた)いし、せきも 出(で)るし、風邪(かぜ)を ひいたみたいです。 머리도 아프고 기침도 나고, 감기에 걸린 것 같습니다.
3. まるで 天使(てんし)の ような 顔(かお)です。 마치 천사 같은 얼굴입니다.
4. まるで 天使(てんし) みたいな 顔(かお)です。 마치 천사 같은 얼굴입니다.
5. 天使(てんし)の ように 優(やさ)しいです。 천사처럼 착합니다.
6. 天使(てんし) みたいに 優(やさ)しいです。 천사처럼 착합니다.

문형연습

01

[보통체] + ようです　　~인 것 같습니다 [추량]

●「～ようです」는 사람의 감각, 체험 등을 통해서 주관적인 판단이나 추측을 할 때 많이 사용하는 표현이에요. 명사는「の + ようです」, ナ형용사는「～な + ようです」랍니다.

▷ 頭(あたま)も 痛(いた)いし、せきも 出(で)るし、どうやら 風邪(かぜ)を ひいた **ようです**。

▷ 夕(ゆう)べ 掃除(そうじ)を した **ようです**ね。部屋(へや)が きれいです。

▷ 体調(たいちょう)が 悪(わる)い **ようです**ね。今日(きょう)は 早(はや)く 帰(かえ)って 休(やす)んだ ほうが いいですよ。

せきが 出(で)る 기침이 나다　　どうやら 아무래도　　夕(ゆう)べ 어젯밤　　体調(たいちょう) 몸 상태, 컨디션

02

～ような + [명사]　　~인 것 같은~
～ように + [동사 / 형용사]　　~인 것 같이~ / ~인 것처럼~ [비유]

●「～ようだ」는 '(마치) ~인 것 같다'라는 의미이며, 어떤 것을 다른 것에 비유해서 말할 때도 쓰인답니다.

▷ 私(わたし)の 友達(ともだち)は まるで 天使(てんし)の **ように** 優(やさ)しいです。

▷ 先生(せんせい)は 今日(きょう) 学生(がくせい)の **ように** 見(み)えます。

▷ イさんは 子供(こども)の **ような** 性格(せいかく)の 人(ひと)です。

TIP

♣ [동사] +**ように** ~하도록

ご飯(はん)を 食(た)べたら すぐ 歯(は)を 磨(みが)く ように して います。 밥을 먹으면 바로 이를 닦도록 하고 있습니다.

まるで 마치　　天使(てんし) 천사　　性格(せいかく) 성격　　すぐ 곧, 즉시　　歯(は)を 磨(みが)く 이를 닦다

03 [보통체] + みたいです　~인 것 같습니다 [추량]

「~みたいです」는 「~ようです」의 회화체라고 생각하면 된답니다.

	~ようです	~みたいです
명　사	天使(てんし)の ようです	天使(てんし) みたいです
ナ형용사	きれいな ようです	きれい みたいです
イ형용사	痛(いた)い ようです	痛(いた)い みたいです
동　사	食(た)べた ようです	食(た)べた みたいです

▷ あの 二人(ふたり)、また けんかした **みたいです**。

▷ 木村(きむら)さんは おはしの ほうが 楽(らく) **みたいです**ね。

▷ 平気(へいき)だと 言(い)って いたけれど、本当(ほんとう)は 大変(たいへん)だった **みたいだ**ね。

けんかする 싸움하다　おはし 젓가락　楽(らく)だ 편하다　平気(へいき)だ 괜찮다　大変(たいへん)だ 힘들다

04 ~みたいな + [명사]　~인 것 같은~
~みたいに + [동사 / 형용사]　~인 것 같이~ / ~인 것처럼~ [비유]

▷ 子供(こども) **みたいな** ことを 言(い)わないで ください。

▷ 最近(さいきん)の 携帯(けいたい)は まるで パソコン **みたいに** 便利(べんり)です。

▷ 二人(ふたり)は 兄弟(きょうだい) **みたいに** よく 似(に)て います。

最近(さいきん) 최근　携帯(けいたい) 휴대전화　パソコン 컴퓨터　便利(べんり)だ 편리하다　兄弟(きょうだい) 형제　似(に)る 닮다

체크 포인트

01 다음 예와 같이 문장을 만들어 보세요.

예
鈴木(すずき)さん / 暇(ひま)だ
→ 鈴木(すずき)さんは 暇(ひま)な ようです。

① お酒(さけ) / 苦手(にがて)だ

→ ______________________________。

② 外(そと) / 大雨(おおあめ)

→ ______________________________。

③ この 漫画(まんが) / おもしろく ない

→ ______________________________。

④ イさん / 熱(ねつ)が ある

→ ______________________________。

暇(ひま)だ 한가하다　苦手(にがて)だ 잘 못하다, 서투르다　外(そと) 밖　大雨(おおあめ) 큰비　漫画(まんが) 만화　熱(ねつ)が ある 열이 있다

02 다음 예와 같이 「~みたいです」로 추측하는 문장을 만들어 보세요.

예

頭(あたま)が 痛(いた)いです。せきも 出(で)ます。
→ どうやら 風邪(かぜ)を ひいた みたいです。

① あの レストランは いつも 人(ひと)が 並(なら)んで います。

→ どうやら ______________________ みたいです。

② 今日(きょう)、田中(たなか)さんと パクさんは 全然(ぜんぜん) 話(はな)しません。

→ どうやら ______________________ みたいです。

③ 店(みせ)の ドアが 閉(し)まって います。

→ どうやら ______________________ みたいです。

④ 何度(なんど) 電話(でんわ)しても 出(で)ません。

→ どうやら ______________________ みたいです。

⑤ 鈴木(すずき)さんは いつも スプーンを 使(つか)わないで おはしで 食(た)べて います。

→ どうやら ______________________ みたいです。

⑥ 昼休(ひるやす)みなのに ご飯(はん)を 食(た)べないで 仕事(しごと)を して います。

→ どうやら ______________________ みたいです。

並(なら)ぶ 줄을 서다, 늘어서다　全然(ぜんぜん) 전혀　ドア 문　閉(し)まる 닫히다　出(で)る (전화를) 받다　スプーン 스푼　昼休(ひるやす)み 점심시간

체크 포인트

03 다음 예와 같이 문장을 고치세요.

예

おじさん（ようです）→ 鈴木(すずき)さんは まるで おじさんの ような 人(ひと)です。

おじさん（みたいです）→ 鈴木(すずき)さんは まるで おじさん みたいな 人(ひと)です。

① おもちゃ（みたいです）

→ この 車(くるま)は まるで ________________ 見(み)えます。

② お菓子(かし)（ようです）

→ その 消(け)しゴムは まるで ________________ です。

③ 人形(にんぎょう)（ようです）

→ あの 子(こ)は まるで ________________ かわいいです。

④ 子供(こども)（みたいです）

→ うちの 先生(せんせい)は まるで ________________ 性格(せいかく)の 人(ひと)です。

おじさん 아저씨　　おもちゃ 장난감　　お菓子(かし) 과자　　消(け)しゴム 지우개　　人形(にんぎょう) 인형　　うち 우리

회화 체크

•• 다음 밑줄 부분을 보기의 단어로 바꿔가며 이야기해 보세요. 10

林(はやし)　あれ？ イさんが 見(み)えませんね。

キム　ええ、ⓐ 今日(きょう)も 来(こ)ない ようです。

林(はやし)　え？ またですか。

キム　ⓑ 最近(さいきん)、ちょっと 忙(いそが)しい みたいですよ。

林(はやし)　そうですか。

보기　ⓐ 今日(きょう)も 来(こ)ない 오늘도 오지 않는다
ⓑ 最近(さいきん)、ちょっと 忙(いそが)しい 요즘 좀 바쁘다

1 ⓐ 昨日(きのう)から 出(で)かけて いる 어제부터 외출했다
ⓑ 家族(かぞく)で 旅行(りょこう)に 行(い)く 가족과 여행을 가다

2 ⓐ 早(はや)く 帰(かえ)った 일찍 집에 돌아갔다
ⓑ 風邪(かぜ)で 具合(ぐあい)が 悪(わる)い 감기로 몸이 좋지 않다

3 ⓐ 今日(きょう)も 残業(ざんぎょう)だ 오늘도 야근이다
ⓑ この頃(ごろ)、仕事(しごと)が 忙(いそが)しい 요즘 일이 바쁘다

다나카와 박유리가 교통사고 현장을 보며 이야기하고 있습니다.

회화

事故でも あった ようですね 11

田中 人が たくさん 集まって いますよ。

パク 事故でも あった ようですね。

田中 ちょっと 行って みましょうか。

パク わあ、ひどい。大きい 事故だった みたいですね。

田中 そうですね。運転して いた 人は 大けがを した みたいです。

パク かわいそうに。

田中 最近、交通事故が 多く なって いる そうですよ。

パク そうですか。私たちも 運転する 時は 気を つけましょう。

田中 ええ、安全が 一番ですからね。

단어

集まる 모이다　事故 사고　ひどい 심하다
運転する 운전하다　大けが 크게 다침　かわいそうだ 불쌍하다
交通 교통　気を つける 조심하다　安全 안전　一番 제일

듣기 연습

01 다음을 듣고 괄호 안에 알맞은 말을 적어 보세요. 12

① 木村(きむら)さんは 家(いえ)に (　　　　　　　　　　　　　) ようです。

② 木村(きむら)さんは 本当(ほんとう)に ピザが (　　　　　　　　　　　　　) ようです。

③ 二人(ふたり)は もうすぐ (　　　　　　　　　　　　　) ようです。

02 다음을 듣고 맞는 문장에는 ○, 틀린 문장에는 ×를 하세요. 13

① 木村(きむら)さんは 人形(にんぎょう) みたいです。 (　　)

② 木村(きむら)さんの 奥(おく)さんは 性格(せいかく)が いい みたいです。 (　　)

③ 木村(きむら)さんの 奥(おく)さんは 料理(りょうり)が 上手(じょうず) みたいです。 (　　)

④ この 人(ひと)は もう 結婚(けっこん)して いる みたいです。 (　　)

단어 총정리

문형연습 14

❑ せきが 出(で)る 기침이 나다
❑ どうやら 아무래도
❑ 夕(ゆう)べ 어젯밤
❑ 体調(たいちょう) 몸 상태, 컨디션
❑ まるで 마치
❑ 天使(てんし) 천사
❑ 性格(せいかく) 성격
❑ すぐ 곧, 즉시
❑ 歯(は)を 磨(みが)く 이를 닦다
❑ けんかする 싸움하다
❑ おはし 젓가락
❑ 楽(らく)だ 편하다
❑ 平気(へいき)だ 괜찮다
❑ 大変(たいへん)だ 힘들다
❑ 最近(さいきん) 최근
❑ 携帯(けいたい) 휴대전화
❑ パソコン 컴퓨터
❑ 便利(べんり)だ 편리하다
❑ 兄弟(きょうだい) 형제
❑ 似(に)る 닮다

체크 포인트 15

❑ 暇(ひま)だ 한가하다
❑ 苦手(にがて)だ 잘 못하다, 서투르다
❑ 外(そと) 밖
❑ 大雨(おおあめ) 큰비
❑ 漫画(まんが) 만화
❑ 熱(ねつ)が ある 열이 있다
❑ 並(なら)ぶ 줄을 서다, 늘어서다
❑ 全然(ぜんぜん) 전혀
❑ ドア 문
❑ 閉(し)まる 닫히다
❑ 出(で)る (전화를)받다
❑ スプーン 스푼
❑ 昼休(ひるやす)み 점심시간
❑ おじさん 아저씨
❑ おもちゃ 장난감
❑ お菓子(かし) 과자
❑ 消(け)しゴム 지우개
❑ 人形(にんぎょう) 인형
❑ うち 우리

회화 본문 16

❑ 集(あつ)まる 모이다
❑ 事故(じこ) 사고
❑ ひどい 심하다
❑ 運転(うんてん)する 운전하다
❑ 大(おお)けが 크게 다침
❑ かわいそうだ 불쌍하다
❑ 交通(こうつう) 교통
❑ 気(き)を つける 조심하다
❑ 安全(あんぜん) 안전
❑ 一番(いちばん) 제일

듣기 연습 17

❑ 何回(なんかい)も 몇 번이나
❑ お昼(ひる) 점심(식사)
❑ ピザ 피자
❑ 結婚(けっこん)ゆびわ 결혼반지
❑ もうすぐ 이제 곧, 머지않아
❑ 奥(おく)さん 부인
❑ 食事(しょくじ) 식사

한자 체크

近
가까울 근

음독 きん　最近(さいきん) 최근　近所(きんじょ) 근처
훈독 近(ちか)い 가깝다

近	近	近	近		

近所(きんじょ)	近所	近所	近所	

通
통할 통

음독 つう　普通(ふつう) 보통　交通(こうつう) 교통
훈독 通(とお)る 지나가다　通(かよ)う 다니다

通	通	通	通		

交通(こうつう)	交通	交通	交通	

集
모일 집

음독 しゅう　集中(しゅうちゅう) 집중
훈독 集(あつ)める 모으다

集	集	集	集		

集中(しゅうちゅう)	集中	集中	集中	

第03課 まっすぐ 行(い)くと 銀行(ぎんこう)が あります

이번 과에서는 변화를 나타내는 なる 동사의 활용법과 의미를 알아보고, 사실 조건을 나타내는 표현에 대해서도 공부할게요.

그럼, 핵심포인트를 살펴볼까요?

1. 将来(しょうらい) お金持(かねも)ちに なりたいです。
   장래에 부자가 되고 싶습니다.

2. 体調(たいちょう)は ちょっと よく なりました。
   몸은 조금 좋아졌습니다.

3. 冬(ふゆ)に なると 寒(さむ)く なります。
   겨울이 되면 추워집니다.

4. まっすぐ 行(い)くと 銀行(ぎんこう)が 見(み)えます。
   쭉 가면 은행이 보입니다.

문형연습

01 ～なる

～(해)지다 / ～(하게) 되다 [변화]

상태의 변화를 나타내는「～なる」는 사람의 의지와 상관없이 어떤 상태에서 다른 상태로 변해 가는 것을 나타낸답니다.

	기본형	활용방법	예문
명사	先生 선생님	기본형 + に なる	先生に なる 선생님이 되다
ナ형용사	暇だ 한가하다	기본형「～~~だ~~」+ に なる	暇に なる 한가해지다
イ형용사	おいしい 맛있다	기본형「～~~い~~」+ く なる	おいしく なる 맛있어지다
동사	書く 쓰다	기본형 + ように なる	書く ように なる 쓰게 되다

- 私は お金持ちに **なりたいです**。
- 子供の 時は モデルに **なりたかったです**。
- 最近 きれいに **なりました**ね。
- たくさん 食べて 眠く **なりました**。
- 昨日より 体調が よく **なりました**。
- 彼氏が できてから、毎日 スカートを はく ように **なりました**。
- 日本語の 勉強を 始めてから、日本の ドラマを 見る ように **なりました**。

TIP

♣ [동사의 가능형] + **ように なる** ~할 수 있게 되다

[동사의 기본형] + ように なる는 상태의 변화인데 비해 [동사의 가능형] + ように なる는 과거에 할 수 없었던 상태가 지금은 할 수 있는 상태로 변화해서 원래의 상태가 없어졌다는 것을 나타낼 때 사용해요.

예 日本の 漢字が 読める ように なりました。 일본 한자를 읽을 수 있게 되었습니다.

お金持ち 부자　モデル 모델　眠い 졸리다　スカートを はく 스커트를 입다　始める 시작하다　ドラマ 드라마

02 [ナ형용사] + に ~(하)게
[イ형용사] + く ~(하)게

- ナ형용사의 「~だ」가 「に」로, イ형용사의 「~い」가 「く」로 바뀌어 부사화 된답니다.

▷ ちょっと 安(やす)く して ください。

▷ 図書館(としょかん)では 静(しず)かに して ください。

▷ 砂糖(さとう)を 入(い)れすぎて コーヒーが 甘(あま)く なりました。

図書館(としょかん) 도서관　砂糖(さとう) 설탕　入(い)れる 넣다　甘(あま)い 달다

03 [동사의 기본형] + と ~(하)면 [사실 / 조건]

- 「A と B」는 'A의 조건이 만족되면 반드시 B가 된다'라는 뉘앙스로 자연현상, 습관, 계산, 길안내와 같은 표현에 사용된답니다.

▷ 私(わたし)は お酒(さけ)を 飲(の)むと 顔(かお)が 赤(あか)く なります。

▷ トイレは ここを まっすぐ 行(い)くと 右(みぎ)に ありますよ。

▷ お金(かね)を 入(い)れて この ボタンを 押(お)すと ジュースが 出(で)て きます。

▷ 冬(ふゆ)に なると 寒(さむ)く なります。

▷ 道(みち)が 込(こ)むと 時間(じかん)が かかります。

赤(あか)い 빨갛다　まっすぐ 똑바로　右(みぎ) 오른쪽　ボタン 버튼　押(お)す 누르다　出(で)て くる 나오다
道(みち)が 込(こ)む 길이 붐비다　時間(じかん)が かかる 시간이 걸리다

체크 포인트

01 다음 그림을 보고 예와 같이 문장을 만들어 보세요.

예

大学生(だいがくせい)

→ 大学生(だいがくせい)に なりました。

① 社長(しゃちょう)

→ ____________________。

② きれいだ

→ ____________________。

③ 上手(じょうず)だ

→ ____________________。

④ 眠(ねむ)い

→ ____________________。

⑤ 暗(くら)い

→ ____________________。

⑥ 毎日(まいにち) 運動(うんどう)する

→ ________________________________。

大学生(だいがくせい) 대학생　　社長(しゃちょう) 사장(님)　　暗(くら)い 어둡다　　運動(うんどう)する 운동하다

02 다음 그림을 보고 예와 같이 문장을 만들어 보세요.

예

春(はる)に なると 暖(あたた)かく なります。

①

→ ________________________________。

②

→ ________________________________。

③

→ ________________________________。

春(はる) 봄　　暖(あたた)かい 따뜻하다

03 다음 그림을 보고 예와 같이 대화를 해 보세요.

예

A 2号線(ごうせん)に 乗(の)り換(か)えたい
B 3番目(ばんめ)の 駅(えき)で 降(お)りる / 乗(の)り換(か)えられる
A 2号線(ごうせん)に 乗(の)り換(か)えたいんですが…。
B えーと、3番目(ばんめ)の 駅(えき)で 降(お)りると 乗(の)り換(か)えられますよ。

① A シンチョンに 行(い)きたい
B 地下鉄(ちかてつ)に 乗(の)って 4番目(ばんめ)の 駅(えき)で 降(お)りる / 行(い)ける
A ______________________________。
B ______________________________。

② A デパートに 行(い)きたい
B 3番出口(ばんでぐち)を 出(で)る / 見(み)える
A ______________________________。
B ______________________________。

③ A 本(ほん)を 買(か)いたい
B あの 交差点(こうさてん)を 右(みぎ)に 曲(ま)がる / 本屋(ほんや)が ある
A ______________________________。
B ______________________________。

~号線(ごうせん) ~호선　乗(の)り換(か)える 갈아타다　~番目(ばんめ) ~번째　降(お)りる 내리다　地下鉄(ちかてつ) 지하철　デパート 백화점
出口(でぐち) 출구　交差点(こうさてん) 교차로　曲(ま)がる 돌다　本屋(ほんや) 서점, 책방

회화 체크

다음 밑줄 부분을 보기의 단어로 바꿔가며 이야기해 보세요. 18

キム　もう すぐ ⓐ 春(はる)ですね。

林(はやし)　はい、ⓐ 春(はる)に なると ⓑ 暖(あたた)かく なりますね。

キムさんは ⓐ 春(はる)に なったら、何(なに)が したいですか。

キム　そうですね。ⓒ 花見(はなみ)に 行(い)きたいです。

林(はやし)　ⓓ 花見(はなみ)ですか。それは いいですね。

보기
ⓐ 春(はる) 봄　ⓑ 暖(あたた)かい 따뜻하다
ⓒ 花見(はなみ)に 行(い)きたい 꽃구경하러 가고 싶다　ⓓ 花見(はなみ) 꽃구경

1 ⓐ 大学生(だいがくせい) 대학생
ⓑ 好(す)きな 勉強(べんきょう)が できる 좋아하는 공부를 할 수 있다
ⓒ 合(ごう)コンが したい 미팅을 하고 싶다　ⓓ 合(ごう)コン 미팅

2 ⓐ 社会人(しゃかいじん) 사회인　ⓑ 忙(いそが)しい 바쁘다
ⓒ 親孝行(おやこうこう)が したい 효도를 하고 싶다　ⓓ 親孝行(おやこうこう) 효도

3 ⓐ 夏休(なつやす)み 여름방학　ⓑ 暇(ひま)だ 한가해지다
ⓒ 海外旅行(かいがいりょこう)を したい 해외여행을 하고 싶다　ⓓ 海外旅行(かいがいりょこう) 해외여행

박유리가 일본인 관광객에게 길을 알려주고 있습니다.

회화

まっすぐ 行(い)くと 銀行(ぎんこう)が あります 19

観光客 すみません。ちょっと 聞(き)いても いいですか。

パク あ、はい。日本(にほん)の 方(かた)ですか。

観光客 ええ。今(いま)、ホテルに 行(い)く 道(みち)が 分(わ)からなくて 困(こま)って いるんです。

パク そうですか。どこの ホテルですか。

観光客 ここなんですが…。

パク ああ、2番(ばん) 出口(でぐち)を 出(で)て まっすぐ 行(い)くと 銀行(ぎんこう)が あるんですが、この ホテルは その 銀行(ぎんこう)の 後(うし)ろに ありますよ。

観光客 そうですか。ここから どのくらい かかりますか。

パク 2番(ばん) 出口(でぐち)を 出(で)て すぐですので、5分(ふん)ぐらいだと 思(おも)いますよ。

단어

観光客(かんこうきゃく) 관광객　方(かた) 분('사람'의 높임말)　ホテル 호텔　道(みち) 길
困(こま)る 곤란하다　銀行(ぎんこう) 은행　後(うし)ろ 뒤
どのくらい 얼마나, 어느 정도　すぐ 바로, 금방

듣기 연습

01 다음 대화를 듣고 「～なる」를 사용하여 문장을 완성해 보세요. 20

① 木村(きむら)さんは 子供(こども)の 時(とき)、(　　　　　　　　　　　　　)。

② 木村(きむら)さんは 彼女(かのじょ)が できて (　　　　　　　　　　　　　)。

③ 木村(きむら)さんは お酒(さけ)を 飲(の)むと、(　　　　　　　　　　　　　)。

02 다음 대화를 듣고 각각의 상점이 어디에 있는지 기호를 적어 보세요. 21

① 銀行(ぎんこう)は どこですか。(　　　　)

② 薬屋(くすりや)は どこですか。(　　　　)

단어 총정리

문형연습 22

- お金持ち(かねも) 부자
- モデル 모델
- 眠い(ねむ) 졸리다
- スカートを はく 스커트를 입다
- 始める(はじ) 시작하다
- ドラマ 드라마
- 図書館(としょかん) 도서관
- 砂糖(さとう) 설탕
- 入れる(い) 넣다
- 甘い(あま) 달다
- 赤い(あか) 빨갛다
- まっすぐ 똑바로
- 右(みぎ) 오른쪽
- ボタン 버튼
- 押す(お) 누르다
- 出て くる(で) 나오다
- 道が 込む(みち こ) 길이 붐비다
- 時間が かかる(じかん) 시간이 걸리다

체크 포인트 23

- 大学生(だいがくせい) 대학생
- 社長(しゃちょう) 사장(님)
- 暗い(くら) 어둡다
- 運動する(うんどう) 운동하다
- 春(はる) 봄
- 暖かい(あたた) 따뜻하다
- ～号線(ごうせん) ～호선
- 乗り換える(の か) 갈아타다
- ～番目(ばん め) ～번째
- 降りる(お) 내리다
- 地下鉄(ち か てつ) 지하철
- デパート 백화점
- 出口(で ぐち) 출구
- 交差点(こう さ てん) 교차로
- 曲がる(ま) 돌다
- 本屋(ほん や) 서점, 책방

회화 본문 24

- 観光客(かんこうきゃく) 관광객
- 方(かた) 분('사람'의 높임말)
- ホテル 호텔
- 道(みち) 길
- 困る(こま) 곤란하다
- 銀行(ぎんこう) 은행
- 後ろ(うし) 뒤
- どのくらい 얼마나, 어느 정도
- すぐ 바로, 금방

듣기 연습 25

- 熱(ねつ) 열
- 実は(じつ) 실은
- 信号(しんごう) 신호
- 左(ひだり) 왼쪽
- 薬屋(くすり や) 약국
- 向かい側(む がわ) 맞은편

한자 체크

方 모방

음독 ほう　地方(ちほう) 지방　方法(ほうほう) 방법

훈독 方(かた) 분('사람'의 높임말)　作(つく)り方(かた) 만드는 법

方 方 方

方法(ほうほう)

方法 方法 方法

道 길 도

음독 どう　道路(どうろ) 도로　道具(どうぐ) 도구

훈독 道(みち) 길

道 道 道

道具(どうぐ)

道具 道具 道具

聞 들을 문

음독 ぶん　新聞(しんぶん) 신문

훈독 聞(き)く 묻다, 듣다　聞(き)こえる 들리다

聞 聞 聞

新聞(しんぶん)

新聞 新聞 新聞

第04課 電子(でんし)ランドに 行(い)けば 安(やす)く 買(か)えます

이번 과에서는 가정과 조건을 나타내는 「ば」와, 어떤 결과에 대해 그렇게 하지 못한 후회와 안타까움을 나타내는 표현에 대해 알아 볼게요.

1 スーパーに 行(い)けば 安(やす)く 買(か)えます。
슈퍼마켓에 가면 싸게 살 수 있습니다.

2 暇(ひま)なら 遊(あそ)びに 行(い)く つもりです。
한가하면 놀러 갈 생각입니다.

3 忙(いそが)しく なければ ご飯(はん)でも 食(た)べましょう。
바쁘지 않으면 밥이라도 먹읍시다.

4 もっと 勉強(べんきょう)すれば よかった。
더 공부할 걸 그랬다.

문형연습

01 ～ければ / ～なら(ば) / ～ば　～(하)면 [가정 표현]

「～ば」는 '～하면, ～라면'이라는 의미로 가정과 조건을 나타내는 말이에요. 「A ば B」는 'A 조건이 만족되면 B라는 결과가 되지만 A 조건이 만족되지 않으면 B라는 결과는 되지 않는다'는 의미를 나타낸답니다.

		기본형	활용방법	예문
명사		雨(あめ) 비	기본형 + なら(ば)	雨(あめ)なら(ば) 비라면
ナ형용사		暇(ひま)だ 한가하다	기본형 「～だ」(삭제) + なら(ば)	暇(ひま)なら(ば) 한가하면
イ형용사		おいしい 맛있다	기본형 「～い」(삭제) + ければ	おいしければ 맛있으면
동사	1그룹	行(い)く 가다	끝음인 [u]단음을 [e]단으로 바꾼 후 「ば」를 붙인다	行(い)けば 가면
	2그룹	食(た)べる 먹다	끝음인 「る」를 떼고 「れば」를 붙인다	食(た)べれば 먹으면
	3그룹	する 하다 → すれば 하면 / 来(く)る 오다 → 来(く)れば 오면		
예외		ない 없다 → なければ 없으면		
		いい 좋다 → よければ 좋으면		

▷ 毎日(まいにち) 練習(れんしゅう)すれば 日本語(にほんご)が 上手(じょうず)に なります。

▷ イタリアに 行(い)けば おいしい パスタが 食(た)べられます。

▷ 嫌(いや)なら 断(ことわ)っても いいですよ。

▷ 暇(ひま)なら 家(うち)に 遊(あそ)びに 来(き)ませんか。

▷ 忙(いそが)しく なければ 一緒(いっしょ)に 食事(しょくじ)しましょう。

▷ 車(くるま)が あれば いろんな ところに 行(い)けます。

練習(れんしゅう)する 연습하다　イタリア 이탈리아　パスタ 파스타　嫌(いや)だ 싫다　断(ことわ)る 거절하다　一緒(いっしょ)に 함께
食事(しょくじ)する 식사하다　いろんな 여러 가지

02

～ば よかった / ～ば よかったのに ～(할)걸 그랬다 / ~(했었으)면 좋았을 텐데

▷ もっと 勉強(べんきょう)すれば よかった。

▷ 彼女(かのじょ)と 別(わか)れなければ よかった。

▷ 電話(でんわ)すれば よかったのに…。

▷ 昨日(きのう) 飲(の)みすぎなければ よかったのに…。

彼女(かのじょ) 그녀, 여자친구　別(わか)れる 헤어지다　飲(の)みすぎる 과음하다

체크 포인트

01 다음 그림을 보고 예와 같이 문장을 만들어 보세요.

예

薬を 飲む / 元気に なれる

→ 薬を 飲めば 元気に なれます。

① 急ぐ / 間に合う

→ ______________________________。

② 早く 寝る / 早く 起きられる

→ ______________________________。

③ 安い / 買える

→ ______________________________。

④ 日曜日 / 行ける

→ ______________________________。

⑤ 簡単だ / 読んで みる

→ ______________________________。

薬を 飲む 약을 먹다 急ぐ 서두르다 間に合う 시간에 대다, 시간에 맞추다 起きる 일어나다 簡単だ 간단하다

02 다음 예와 같이 「～ば」를 사용해서 조언해 주세요.

보기

毎日(まいにち) ヨガを する	たくさん 練習(れんしゅう)する
ゆっくり 休(やす)む	トンデムンに 行(い)く

예

A 最近(さいきん) 太(ふと)ったんです。

B 毎日(まいにち) ヨガを すれば やせますよ。

① A この頃(ごろ) 疲(つか)れて いるんです。

B ______________________ば 元気(げんき)に なりますよ。

② A 日本語(にほんご)が 上手(じょうず)に なりたいです。

B ______________________ば きっと 上手(じょうず)に なりますよ。

③ A かわいい 服(ふく)を 安(やす)く 買(か)いたいです。

B ______________________ば 安(やす)く 買(か)えますよ。

ヨガ 요가　ゆっくり 느긋하게, 천천히　トンデムン 동대문　太(ふと)る 살찌다　やせる 살이 빠지다　疲(つか)れる 피곤하다

きっと 반드시, 꼭　かわいい 귀엽다, 예쁘다

체크 포인트

03 다음 예와 같이 대화해 보세요.

예

A お腹(なか)が 痛(いた)い　　　B たくさん 食(た)べない

A お腹(なか)が 痛(いた)いんです。

B たくさん 食(た)べなければ よかったのに…。

① A 試験(しけん)に 落(お)ちる　　　B もっと 勉強(べんきょう)する

A ____________________。

B ____________________。

② A 遅刻(ちこく)する　　　B 早(はや)く 家(いえ)を 出(で)る

A ____________________。

B ____________________。

③ A デパートで 買(か)ったら とても 高(たか)い　　　B インターネットで 買(か)う

A ____________________。

B ____________________。

④ A けがを する　　　B もっと 気(き)を つける

A ____________________。

B ____________________。

落(お)ちる 떨어지다　もっと 좀더　遅刻(ちこく)する 지각하다　インターネット 인터넷　けがを する 다치다
気(き)を つける 조심하다

회화 체크

다음 밑줄 부분을 보기의 단어로 바꿔가며 이야기해 보세요. 26

キム　ⓐ 最近 ちょっと 太ったんですが、どう すれば いい でしょうか。

林　ⓑ 夜 遅く 食べなければ ⓒ やせると 思いますよ。

キム　ⓑ 夜 遅く 食べなくても、ⓒ やせないんです。

林　そうですか。では、ⓓ 運動を したら どうですか。

キム　ⓓ 運動を すれば ⓒ やせるでしょうか。

林　ええ、きっと ⓒ やせると 思いますよ。

보기　ⓐ 最近 ちょっと 太る 최근 조금 살찌다　ⓑ 夜 遅く 食べない 밤 늦게 먹지 않는다
ⓒ やせる 살이 빠지다　ⓓ 運動を する 운동을 하다

1 ⓐ 日本語が 上手に なりたい 일본어를 잘하고 싶다
ⓑ ドラマを たくさん 見る 드라마를 많이 보다　ⓒ 上手に なる 잘하게 되다
ⓓ 日本語学校に 通う 일본어학교에 다니다

2 ⓐ パソコンの 使い方が 分からない 컴퓨터 사용법을 모르다
ⓑ 店の人に 聞く 가게 사람에게 묻다　ⓒ 教えて くれる 가르쳐주다
ⓓ メーカーに 聞く (제품)회사에 묻다

3 ⓐ 飛行機の チケットを 買いたい 비행기 티켓을 사고 싶다
ⓑ インターネットで 予約する 인터넷으로 예약하다　ⓒ 連絡が 来る 연락이 오다
ⓓ 旅行会社に メールを 送る 여행사에 메일을 보내다

다나카가 박유리에게 전자제품을 싸게 파는 곳에 대해 묻고 있습니다.

회화

電子(でんし)ランドに 行(い)けば 安(やす)く 買(か)えます 27

田中　冷蔵庫(れいぞうこ)が 壊(こわ)れて しまって 新(あたら)しいのを 買(か)おうと 思(おも)って いるんですが、どこが 安(やす)いですか。

パク　それなら 電子(でんし)ランドに 行(い)けば 安(やす)く 買(か)えますよ。電気製品(でんきせいひん)の 安売(やすう)り店(てん)ですから。

田中　そうなんですか。実(じつ)は 先週(せんしゅう)、デパートで　テレビを 買(か)って しまったんです。

パク　あら、テレビも 電子(でんし)ランドで 買(か)えば よかったのに…。

田中　ええ。テレビを 買(か)う 前(まえ)に ゆりさんに 聞(き)けば よかったですね。

パク　これからは 何(なに)か 買(か)う 時(とき)は 私(わたし)に 聞(き)いて ください。私(わたし)、買(か)い物(もの)には 自信(じしん)が ありますから。

단어

冷蔵庫(れいぞうこ) 냉장고　壊(こわ)れる 망가지다, 고장나다
それなら 그렇다면, 그러면　電子(でんし)ランド 전자랜드　安(やす)く 싸게
電気製品(でんきせいひん) 전자제품　安売(やすう)り店(てん) 할인점　実(じつ)は 실은
先週(せんしゅう) 지난주　聞(き)く 묻다　自信(じしん)が ある 자신이 있다

듣기 연습

01 다음을 듣고 괄호 안에 일치하는 번호를 써 넣으세요. 28

a(　　)　　b(　　)　　c(　　)　　d(　　)

02 다음 대화를 듣고 문장을 완성해 보세요. 29

① ピアノは 易(やさ)しいですか。

(　　　　　　　　)ば、誰(だれ)でも ひく ことが できます。

② キムさんの ように 上手(じょうず)に なる ためには 毎日(まいにち) どのくらい 練習(れんしゅう)すれば いいですか。

(　　　　　　　　)ぐらい 練習(れんしゅう)します。

단어 총정리

문형연습 30

- 練習(れんしゅう)する 연습하다
- イタリア 이탈리아
- パスタ 파스타
- 嫌(いや)だ 싫다
- 断(ことわ)る 거절하다
- 一緒(いっしょ)に 함께
- 食事(しょくじ)する 식사하다
- いろんな 여러 가지
- 彼女(かのじょ) 그녀, 여자친구
- 別(わか)れる 헤어지다
- 飲(の)みすぎる 과음하다

체크 포인트 31

- 薬(くすり)を 飲(の)む 약을 먹다
- 急(いそ)ぐ 서두르다
- 間(ま)に合(あ)う 시간에 대다, 시간에 맞추다
- 起(お)きる 일어나다
- 簡単(かんたん)だ 간단하다
- ヨガ 요가
- ゆっくり 느긋하게, 천천히
- トンデムン 동대문
- 太(ふと)る 살찌다
- やせる 살이 빠지다
- 疲(つか)れる 피곤하다
- きっと 반드시, 꼭
- かわいい 귀엽다, 예쁘다
- 落(お)ちる 떨어지다
- もっと 좀더
- 遅刻(ちこく)する 지각하다
- インターネット 인터넷
- けがを する 다치다
- 気(き)を つける 조심하다

회화 본문 32

- 冷蔵庫(れいぞうこ) 냉장고
- 壊(こわ)れる 망가지다, 고장나다
- それなら 그렇다면, 그러면
- 電子(でんし)ランド 전자랜드
- 安(やす)く 싸게
- 電気製品(でんきせいひん) 전자제품
- 安売(やすう)り店(てん) 할인점
- 実(じつ)は 실은
- 先週(せんしゅう) 지난주
- 聞(き)く 묻다
- 自信(じしん)が ある 자신이 있다

듣기 연습 33

- 天気(てんき) 날씨
- 簡単(かんたん)だ 간단하다
- 漢字(かんじ) 한자
- ピアノを ひく 피아노를 치다
- 大変(たいへん)だ 힘들다

한자 체크

気

기운 기

음독 き　人気(にんき) 인기　気持ち(きもち) 기분　電気(でんき) 전기

気 気 気

電気(でんき)　電気　電気　電気

信

믿을 신

음독 しん　信(しん)じる 믿다　自信(じしん) 자신

信 信 信

自信(じしん)　自信　自信　自信

冷

차가울 냉

음독 れい　冷凍(れいとう) 냉동

훈독 冷(つめ)たい 차갑다

冷 冷 冷

冷凍(れいとう)　冷凍　冷凍　冷凍

第05課 甘(あま)い物(もの)は 食(た)べない ことに して いるんです

이번 과에서는 본인의 의지로 결정하는 표현과 외부에 의해 결정되는 표현법에 대해 알아볼게요. 그리고 어떤 행동을 하도록 노력한다라는 의미의 표현도 함께 공부해요.

1. 飲(の)み物(もの)は 何(なに)に しますか。
   음료수는 무엇으로 하겠습니까?

2. 甘(あま)い物(もの)は 食(た)べない ことに しました。
   단것은 먹지 않기로 했습니다.

3. 大阪(おおさか)に 出張(しゅっちょう)に 行(い)く ことに なりました。
   오사카에 출장을 가게 되었습니다.

4. お湯(ゆ)を たくさん 飲(の)む ように して ください。
   따뜻한 물을 많이 마시도록 하세요.

문형연습

01 ～に する　　～로 하다 (결정의 의미)

▷ A 林(はやし)さんは 何(なに)**に しますか**。

B ラーメン**に します**。

▷ 今日(きょう)は パン**に します**。

02 [동사의 기본형] + ことに する　　～(하)기로 하다
[동사의 ない형] + ない ことに する　　～(하)지 않기로 하다

● 어떤 일을 자신의 의지로 결정했을 때 사용하는 표현이랍니다.

▷ 道(みち)が 込(こ)んで いますから、地下鉄(ちかてつ)で 行(い)く **ことに します**。

▷ 日本(にほん)へ 留学(りゅうがく)するので 会社(かいしゃ)を 辞(や)める **ことに しました**。

▷ ダイエット中(ちゅう)なので 夜(よる) 遅(おそ)く 食(た)べ**ない ことに して います**。

道(みち) 길　込(こ)む 붐비다, 막히다　地下鉄(ちかてつ) 지하철　留学(りゅうがく)する 유학하다　辞(や)める (회사를)그만두다　ダイエット 다이어트
遅(おそ)く 늦게

03

[동사의 기본형] + ことに なる　　~(하)게 되다
[동사의 ない형] + ない ことに なる　　~(하)지 않게 되다

● 어떤 일을 결정함에 있어서 자신의 의지보다는 주변 여건이나 외부 결정에 의해 일이 결정될 때 사용한답니다.

▷ 大阪に 出張する **ことに なりました**。

▷ うちの 会社は 毎朝 ミーティングを する **ことに なって います**。

▷ すみません。こちらでは タバコは 吸え**ない ことに なって いるんです**。

▷ この アパートは ペットが 飼え**ない ことに なって います**。

出張する 출장가다　毎朝 매일 아침　ミーティング 회의　タバコ 담배　吸う (담배를)피우다　アパート 아파트
ペット 애완동물　飼う 기르다

04

[동사의 기본형] + ように する　　~(하)도록 하다
[동사의 ない형] + ない ように する　　~(하)지 않도록 하다

● 어떤 일을 습관적, 계속적으로 노력하여 행하도록 또는 하지 않도록 하는 것을 나타낸답니다.

▷ ご飯を 食べたら すぐ 歯を 磨く **ように して います**。

▷ 野菜を たくさん 食べる **ように して います**。

▷ 風邪を ひか**ない ように しましょう**。

▷ 健康の ために タバコを 吸わ**ない ように します**。

すぐ 곧, 바로　歯を 磨く 이를 닦다　野菜 채소　風邪を ひく 감기에 걸리다　健康 건강

체크 포인트

01 다음 그림을 보고 예와 같이 문장을 만들어 보세요.

예

A 今日(きょう)は 何(なに)に しますか。

B ラーメンに します。

① A ____________________。

B ____________________。

② A ____________________。

B ____________________。

③ A ____________________。

B ____________________。

豚(とん)カツ定食(ていしょく) 돈카쓰 정식

02 다음 보기에서 알맞은 표현을 골라 문장을 만들어 보세요.

보기

中国語(ちゅうごくご)を 習(なら)う　　引(ひ)っ越(こ)しする　　コーヒーを 飲(の)まない
日本語(にほんご)を 勉強(べんきょう)する　　会社(かいしゃ)を 辞(や)める

예

来年(らいねん) 中国(ちゅうごく)に 行(い)くので、中国語(ちゅうごくご)を 習(なら)う ことに しました。

① 眠(ねむ)れなく なるので、夜(よる)は ________________ ことに しました。

② 給料(きゅうりょう)も よく ないし、残業(ざんぎょう)も 多(おお)いから、________________ ことに しました。

③ 来年(らいねん)、日本(にほん)へ 留学(りゅうがく)するので、________________ ことに しました。

④ 今(いま) 住(す)んでいる アパートは 交通(こうつう)の 便(べん)が 悪(わる)いので、________________ ことに しました。

中国語(ちゅうごくご) 중국어　習(なら)う 배우다　引(ひ)っ越(こ)しする 이사하다　眠(ねむ)れる 잠들다　給料(きゅうりょう) 급여　残業(ざんぎょう) 야근　住(す)む 살다
交通(こうつう)の 便(べん)が 悪(わる)い 교통편이 나쁘다

체크 포인트

03 다음 a, b 중 알맞은 표현을 골라 보세요.

① A 今晩、一杯 飲みませんか。
B すみません。今月から お酒は やめる (a. ことに なった b. ことに した) んです。

② A あの…。この マンションでは ペットは 飼えない (a. ことに なって いる b. ことに して いる)んですが。
B あ、そうですか。すみません。

③ A どこに 行くの？
B 日本へ 行くんだ。
A 旅行？ いいね。
B 旅行じゃないよ。出張に 行く (a. ことに なった b. ことに した)んだ。

④ A もう 食べないんですか
B ええ。最近 太って しまったので、ダイエットする (a. ことに なりました b. ことに しました)。

今晩 오늘밤　一杯 한 잔　今月 이번 달　太る 살찌다

04 다음 그림을 보고 예와 같이 문장을 만들어 보세요.

예

医者 : 一週間は お酒を 飲みません。

→ 一週間は お酒を 飲まない ように して ください。

① 寝る 前に 薬を 飲みます。

→ ____。

② ストレスを ためません。

→ ____。

③ 6時間 以上 寝ます。

→ ____。

④ シャワーを 浴びません。

→ ____。

一週間 일주일간　　薬を 飲む 약을 먹다　　ストレスを ためる 스트레스를 쌓아두다　　以上 이상

シャワーを 浴びる 샤워를 하다

회화 체크

다음 밑줄 부분을 보기의 단어로 바꿔가며 이야기해 보세요. 34

キム	私は ⓐ 豚カツに しますが、林さんは 何に しますか。
林	私は ⓑ ラーメンに します。ところで、キムさんのグループは ⓒ 忘年会で 何を するんですか。
キム	私は ⓓ ダンスが したかったんですが、ⓔ 歌を 歌う ことに なりました。林さんは？
林	私は 一人で ⓕ スピーチを する ことに しました。
キム	へ？ 一人でですか。

보기

ⓐ 豚(とん)カツ 돈카쓰　ⓑ ラーメン 라멘

ⓒ 忘年会(ぼうねんかい)で 何(なに)を する 망년회에서 무엇을 하다

ⓓ ダンスが したい 댄스를 하고 싶다　ⓔ 歌(うた)を 歌(うた)う 노래를 하다

ⓕ スピーチを する 스피치를 하다

1 ⓐ ネクタイ 넥타이　ⓑ 香水(こうすい) 향수

ⓒ 夏休(なつやす)みに どこへ 行(い)く 여름방학에 어디에 가다

ⓓ ウルルンドへ 行(い)きたい 울릉도에 가고 싶다　ⓔ ソラク山(さん)に 登(のぼ)る 설악산에 오르다

ⓕ チェジュドを 旅行(りょこう)する 제주도를 여행하다

2 ⓐ コーヒー 커피　ⓑ 紅茶(こうちゃ) 홍차

ⓒ 海(うみ)で 何(なに)を する 바다에서 무엇을 하다　ⓓ ボートに 乗(の)りたい 보트를 타고 싶다

ⓔ ビーチバレーを する 비치볼을 하다

ⓕ スキューバーダイビングを する 스쿠버다이빙을 하다

3 ⓐ スパゲッティ 스파게티　ⓑ カレー 카레

ⓒ これから どう する 이제부터 어떻게 하다

ⓓ 映画(えいが)が 見(み)たい 영화를 보고 싶다　ⓔ カラオケに 行(い)く 노래방에 가다

ⓕ 買(か)い物(もの)を する 쇼핑을 하다

다나카와 박유리가 카페에서 주문을 하고 있습니다.

회화

甘(あま)い物(もの)は 食(た)べない ことに して いるんです 35

店員 いらっしゃいませ。何名様(なんめいさま)ですか。

パク 二人(ふたり)です。

店員 こちらへ どうぞ。

田中 ゆりさん、何(なに)に しますか。

パク 私(わたし)は コーヒーに します。

田中 コーヒーだけ？ ケーキは いいんですか。

パク ええ、私(わたし)、今(いま) ダイエット中(ちゅう)なので 甘(あま)い物(もの)は 食(た)べない ことに して いるんです。

田中 それじゃ、私(わたし)も コーヒーに します。
すみません。コーヒー 二(ふた)つと 灰皿(はいざら) ください。

店員 すみません。店内(てんない)では、タバコは 吸(す)えない ことに なって いるんですが…。

田中 そうですか。じゃ、灰皿(はいざら)は いいです。

단어

いらっしゃいませ 어서 오세요　何名様(なんめいさま) 몇 분
～だけ ～만, ～뿐　甘(あま)い物(もの) 단것　灰皿(はいざら) 재떨이
店内(てんない) 점내　いいです 괜찮습니다

듣기 연습

01 다음을 듣고 문장을 완성해 보세요. 36

① 明日(あした)は 友達(ともだち)の 家(いえ)に（　　　　　）ことに しました。

② 週末(しゅうまつ)は（　　　　　）ことに しました。

③ 来週(らいしゅう)からは もっと 広(ひろ)い 教室(きょうしつ)で（　　　　　）ことに なりました。

④ 一週間(いっしゅうかん)（　　　　　）ことに なりました。

02 세 명의 사람이 각각 무엇을 선택했는지 그림에서 찾아 기호를 써 보세요. 37

a

b

c

① イさんは（　　　）に しました。

② 木村(きむら)さんは（　　　）に しました。

③ 田中(たなか)さんは（　　　）に しました。

단어 총정리

문형연습 38

- □ 道(みち) 길
- □ 込(こ)む 붐비다
- □ 地下鉄(ちかてつ) 지하철
- □ 留学(りゅうがく)する 유학하다
- □ 辞(や)める (회사를)그만두다
- □ ダイエット 다이어트
- □ 遅(おそ)く 늦게
- □ 出張(しゅっちょう)する 출장가다
- □ 毎朝(まいあさ) 매일 아침
- □ ミーティング 회의
- □ タバコ 담배
- □ 吸(す)う (담배를)피우다
- □ アパート 아파트
- □ ペット 애완동물
- □ 飼(か)う 기르다
- □ すぐ 곧, 바로
- □ 歯(は)を 磨(みが)く 이를 닦다
- □ 野菜(やさい) 채소
- □ 風邪(かぜ)を ひく 감기에 걸리다
- □ 健康(けんこう) 건강

체크 포인트 39

- □ 豚(とん)カツ定食(ていしょく) 돈카쓰 정식
- □ 中国語(ちゅうごくご) 중국어
- □ 習(なら)う 배우다
- □ 引(ひ)っ越(こ)しする 이사하다
- □ 眠(ねむ)れる 잠들다
- □ 給料(きゅうりょう) 급여
- □ 残業(ざんぎょう) 야근
- □ 住(す)む 살다
- □ 交通(こうつう)の 便(べん)が 悪(わる)い 교통편이 나쁘다
- □ 今晩(こんばん) 오늘밤
- □ 一杯(いっぱい) 한 잔
- □ 今月(こんげつ) 이번 달
- □ 太(ふと)る 살찌다
- □ 一週間(いっしゅうかん) 일주일
- □ 薬(くすり)を 飲(の)む 약을 먹다
- □ ストレスを ためる 스트레스를 쌓아두다
- □ 以上(いじょう) 이상
- □ シャワーを 浴(あ)びる 샤워를 하다

회화 본문 40

- □ いらっしゃいませ 어서 오세요
- □ 何名様(なんめいさま) 몇 분
- □ ～だけ ～만, ～뿐
- □ 甘(あま)い物(もの) 단것
- □ 灰皿(はいざら) 재떨이
- □ 店内(てんない) 점내
- □ いいです 괜찮습니다

듣기 연습 41

- □ 宿題(しゅくだい) 숙제
- □ 全部(ぜんぶ) 전부
- □ 終(お)わる 끝나다
- □ もっと 더, 더욱
- □ 広(ひろ)い 넓다
- □ 教室(きょうしつ) 교실
- □ 入院(にゅういん) 입원
- □ 飲(の)みすぎ 너무 많이 마심

한자 체크

甘
달 감

음독 かん　甘言(かんげん) 감언
훈독 甘(あま)い 달다　甘口(あまくち) 단맛

甘 甘 甘

甘口(あまくち)

甘口 甘口 甘口

吸
피울 흡

음독 きゅう　吸煙(きゅうえん) 흡연　吸水(きゅうすい) 흡수
훈독 吸(す)う 피우다

吸 吸 吸

吸水(きゅうすい)

吸水 吸水 吸水

様
모양 양

음독 よう　多様(たよう) 다양　様式(ようしき) 양식
훈독 ～様(さま) ～님

様 様 様

様式(ようしき)

様式 様式 様式

MEMO

그림회화

단어

- 芸能人(げいのうじん) 연예인
- インタビュー 인터뷰
- 有名(ゆうめい)だ 유명하다
- 結婚(けっこん)する 결혼하다
- 新郎(しんろう) 신랑
- 新婦(しんぷ) 신부
- 掃除(そうじ)する 청소하다
- ゆびわ 반지
- 高(たか)い 비싸다
- ダイヤ 다이아몬드
- テーブル 테이블
- 食事(しょくじ)する 식사하다
- 幸(しあわ)せそうだ
  행복한 것 같다
- うらやましい 부럽다
- お酒(さけ) 술
- 飲(の)みすぎ 과음
- 一緒(いっしょ)に 같이
- 夜(よる) 遅(おそ)く 밤 늦게
- ジョギングを する
  조깅하다
- ～ことに する
  ~(하)기로 하다
- ～ことに なる
  ~(하)게 되다
- 家族(かぞく) 가족
- おいしそうだ
  먹음직스럽다
- ～ようと 思(おも)う
  ~(하)려고 생각하다
- 予定(よてい) 예정

第06課 カードは使(つか)われなかったんです

이번 과에서는 상대방의 행위로 인해 주어가 입은 피해, 당혹, 곤란, 기쁨 등을 나타내는 수동 표현에 대해 알아볼게요.

그럼, 오늘의 핵심 포인트를 살펴볼까요?

1. 電車(でんしゃ)の 中(なか)で 隣(となり)の 人(ひと)に 足(あし)を 踏(ふ)まれました。

   전철 안에서 옆 사람에게 발을 밟혔습니다.

2. 犬(いぬ)に 手(て)を かまれました。

   개에게 손을 물렸습니다.

3. 夕(ゆう)べ 隣(となり)の 赤(あか)ちゃんに 泣(な)かれて 寝(ね)られなかったんです。

   어젯밤 옆집 아기가 울어서 잠을 잘 수 없었습니다.

문형연습

01 동사의 수동형

수동 표현은 행동을 한 사람이 아닌 영향을 받은 사람의 입장을 나타내는 표현입니다. '개에게 물렸다'와 같이 자기의 의지와 상관없는 일로 어떠한 일을 당해 화가 나거나 당황해 하거나, 상처 받는 등 정신적 · 물리적인 피해를 받은 감정을 나타내는 표현이랍니다.

		기본형	수동형
1그룹 동사	끝음인 [u]단음을 [a]단으로 바꾼 후 「れる」를 붙인다	かむ (개가)물다 怒(おこ)る 화내다 言(い)う 말하다 呼(よ)ぶ 부르다 泣(な)く 울다 さす (모기가)물다	かまれる (개에게)물리다 怒(おこ)られる 혼나다 言(い)われる 말을 듣다 呼(よ)ばれる 불리다 泣(な)かれる (타인이)울어서 곤란하다 さされる (모기에게)물리다
2그룹 동사	끝음인 「る」를 떼고 「られる」를 붙인다	ほめる 칭찬하다 いじめる 괴롭히다	ほめられる 칭찬받다 いじめられる 괴롭힘을 당하다
3그룹 동사		する 하다 → される 당하다 来(く)る 오다 → 来(こ)られる 와서 곤란하다	

▷ 犬に 手を **かまれた** ことが あります。

▷ 子供の 時、父に よく **叱られました**。

▷ 今朝 女の人に 足を **踏まれました**。

▷ 彼女に **ふられて** 毎日 お酒ばかり 飲んで いる そうです。

▷ 昨日 雨に **降られて** 風邪を ひいて しまいました。

▷ 友達に **来られて** 勉強できませんでした。

▷ 母に 日記を **読まれました**。

▷ 毎晩 赤ちゃんに **泣かれて** 寝られません。

手 손　かむ 물다　叱る 혼내다　今朝 오늘 아침　足 발　踏む 밟다　ふる 차다　～ばかり ~만, ~뿐
日記 일기　赤ちゃん 아기　泣く 울다

체크 포인트

01 다음 그림을 보고 예와 같이 말해 보세요.

예 父(ちち)が 怒(おこ)る

A どうしたんですか。

B 父(ちち)に 怒(おこ)られたんです。

① 先生(せんせい)が 叱(しか)る

A ____。

B ____。

② 財布(さいふ)を 盗(ぬす)む

A ____。

B ____。

③ バスの 中(なか)で お尻(しり)を 触(さわ)る

A ____。

B ____。

④ 彼女(かのじょ)が ふる

A ____。

B ____。

⑤ 雨(あめ)が 降(ふ)る

A ____。

B ____。

⑥ 犬(いぬ)が かむ

A ＿＿＿＿＿＿＿＿＿＿＿＿＿＿＿＿＿＿＿＿＿＿＿＿＿＿。

B ＿＿＿＿＿＿＿＿＿＿＿＿＿＿＿＿＿＿＿＿＿＿＿＿＿＿。

⑦ 友達(ともだち)が 笑(わら)う

A ＿＿＿＿＿＿＿＿＿＿＿＿＿＿＿＿＿＿＿＿＿＿＿＿＿＿。

B ＿＿＿＿＿＿＿＿＿＿＿＿＿＿＿＿＿＿＿＿＿＿＿＿＿＿。

怒(おこ)る 화내다　財布(さいふ) 지갑　盗(ぬす)む 훔치다　お尻(しり) 엉덩이　触(さわ)る 만지다　笑(わら)う 웃다

02 다음 예와 같이 문장을 만들어 보세요.

예 泥棒(どろぼう)が 入(はい)る / 警察(けいさつ)に 電話(でんわ)する

A どうしたんですか。

B 泥棒(どろぼう)に 入(はい)られたんです。

A そうでしたか。警察(けいさつ)に 電話(でんわ)した ほうが いいですよ。

① 知(し)らない 人(ひと)が 足(あし)を 踏(ふ)む / 病院(びょういん)に 行(い)く

A ＿＿＿＿＿＿＿＿＿＿＿＿＿＿＿＿＿＿＿＿＿＿＿＿＿＿＿＿＿＿＿。

B ＿＿＿＿＿＿＿＿＿＿＿＿＿＿＿＿＿＿＿＿＿＿＿＿＿＿＿＿＿＿＿。

A ＿＿＿＿＿＿＿＿＿＿＿＿＿＿＿＿＿＿＿＿＿＿＿＿＿＿＿＿＿＿＿。

체크 포인트

② ルームメイトが 部屋(へや)を 汚(よご)す / 一度(いちど) 話(はな)す

A ______________________________。

B ______________________________。

A ______________________________。

③ 部長(ぶちょう)が 呼(よ)ぶ / 早(はや)く 行(い)く

A ______________________________。

B ______________________________。

A ______________________________。

④ 彼(かれ)が プロポーズする / オッケーする

A ______________________________。

B ______________________________。

A ______________________________。

⑤ 蚊(か)が さす / 薬(くすり)を ぬる

A ______________________________。

B ______________________________。

A ______________________________。

泥棒(どろぼう) 도둑　入(はい)る 들어가(오)다　警察(けいさつ) 경찰　病院(びょういん) 병원　ルームメイト 룸메이트　汚(よご)す 더럽히다　呼(よ)ぶ 부르다
プロポーズする 프로포즈하다　蚊(か)が さす 모기가 물다　ぬる 바르다

회화 체크

다음 밑줄 부분을 보기의 단어로 바꿔가며 이야기해 보세요. 42

吉田(よしだ)　どうしたんですか。ⓐ 痛(いた)そうですね。

林(はやし)　ええ、ⓑ イさんの 家(うち)で 犬(いぬ)に かまれたんです。

吉田(よしだ)　そうでしたか。

林(はやし)　ええ、本当(ほんとう)に ⓒ こわかったです。

吉田(よしだ)　ⓓ 病院(びょういん)には 行(い)きましたか。

林(はやし)　いいえ、まだです。

보기　ⓐ 痛(いた)い 아프다　ⓑ イさんの 家(うち)で 犬(いぬ)が かむ 이OO 씨의 집에서 개가 물다
ⓒ こわい 무섭다　ⓓ 病院(びょういん)に 行(い)く 병원에 가다

1. ⓐ 嬉(うれ)しい 기쁘다
   ⓑ 発表(はっぴょう)が よく できて ほめる 발표를 잘 해서 칭찬하다
   ⓒ 緊張(きんちょう)する 긴장하다　ⓓ 学校(がっこう)の レポートを 出(だ)す 학교 리포트를 내다

2. ⓐ 寒(さむ)い 춥다　ⓑ 急(きゅう)に 雨(あめ)が 降(ふ)る 갑자기 비가 내리다
   ⓒ ひどい 雨(あめ)だ 엄청난 비다　ⓓ 雨(あめ)が やむ 비가 그치다

3. ⓐ 元気(げんき)が ない 기운이 없다　ⓑ 財布(さいふ)を 盗(ぬす)む 지갑을 훔치다
   ⓒ 悔(くや)しい 속상하다　ⓓ 警察(けいさつ)に 届(とど)ける 경찰에 신고하다

박유리가 다나카에게 지갑을 소매치기 당한 것에 대해 이야기하고 있습니다.

회화

カードは 使(つか)われなかったんです 43

パク 田中(たなか)さん ちょっと 聞(き)いて くださいよ。
私(わたし)、昨日(きのう) 最悪(さいあく)だったんです。

田中 何(なに)か あったんですか。

パク 電車(でんしゃ)では 財布(さいふ)を 盗(ぬす)まれて、会社(かいしゃ)では 部長(ぶちょう)に
怒(おこ)られたんです。

田中 そうだったんですか。それで、財布(さいふ)は 戻(もど)って
きたんですか。

パク ええ。お金(かね)は ありませんでしたが、カードと
財布(さいふ)は 戻(もど)って きました。

田中 カードは 使(つか)われなかったんですか。

パク ええ、使(つか)われなかったんです。

田中 それは よかったですね。

단어

最悪(さいあく) 최악　盗(ぬす)まれる 도난당하다　怒(おこ)られる 혼나다
戻(もど)る 되돌아가(오)다　使(つか)われる 사용되어지다

듣기 연습

01 다음을 듣고 일치하는 그림을 골라 보세요. 44

① (　　)

a  b 

② (　　)

a  b 

③ (　　)

a  b 

④ (　　)

a  b 

02 다음 대화를 듣고 회화의 내용과 맞는 것에는 ○, 틀린 것에는 ×를 하세요. 45

① 田中(たなか)さんの　お母(かあ)さんは　田中(たなか)さんの　日記(にっき)を　読(よ)みました。　(　　)

② 田中(たなか)さんの　妹(いもうと)さんは　田中(たなか)さんの　日記(にっき)を　読(よ)みました。　(　　)

③ 田中(たなか)さんは　妹(いもうと)さんの　日記(にっき)を　読(よ)みました。　(　　)

단어 총정리

문형연습 46

- ❑ 手(て) 손
- ❑ かむ 물다
- ❑ 叱(しか)る 혼내다
- ❑ 今朝(けさ) 오늘 아침
- ❑ 足(あし) 발
- ❑ 踏(ふ)む 밟다
- ❑ ふる 차다
- ❑ ～ばかり ～만, ～뿐
- ❑ 日記(にっき) 일기
- ❑ 赤(あか)ちゃん 아기
- ❑ 泣(な)く 울다

체크 포인트 47

- ❑ 怒(おこ)る 화내다
- ❑ 財布(さいふ) 지갑
- ❑ 盗(ぬす)む 훔치다
- ❑ お尻(しり) 엉덩이
- ❑ 触(さわ)る 만지다
- ❑ 笑(わら)う 웃다
- ❑ 泥棒(どろぼう) 도둑
- ❑ 入(はい)る 들어가(오)다
- ❑ 警察(けいさつ) 경찰
- ❑ 病院(びょういん) 병원
- ❑ ルームメイト 룸메이트
- ❑ 汚(よご)す 더럽히다
- ❑ 呼(よ)ぶ 부르다
- ❑ プロポーズする 프로포즈하다
- ❑ 蚊(か)が さす 모기가 물다
- ❑ ぬる 바르다

회화 본문 48

- ❑ 最悪(さいあく) 최악
- ❑ 盗(ぬす)まれる 도난당하다
- ❑ 怒(おこ)られる 혼나다
- ❑ 戻(もど)る 되돌아가(오)다
- ❑ 使(つか)われる 사용되어지다

듣기 연습 49

- ❑ 捨(す)てる 버리다
- ❑ 呼(よ)ぶ 부르다
- ❑ 夫(おっと) 남편
- ❑ 妻(つま) 아내
- ❑ けんかを する 싸움을 하다
- ❑ 嫌(いや)だ 싫다

한자 체크

長
길 장

음독 ちょう　校長(こうちょう) 교장　社長(しゃちょう) 사장

훈독 長(なが)い 길다

長 長 長

社長(しゃちょう)

社長 社長 社長

使
하여금 사

음독 し　大使(たいし) 대사　使用(しよう) 사용

훈독 使(つか)う 사용하다

使 使 使

使用(しよう)

使用 使用 使用

悪
나쁠 악

음독 あく　悪人(あくにん) 나쁜 사람

훈독 悪(わる)い 나쁘다　悪口(わるくち) 욕

悪 悪 悪

悪口(わるくち)

悪口 悪口 悪口

第07課 1時間(じかん)も 待(ま)たされたんです

이번 과에서는 물건을 주어로 하는 수동 표현과 '다른 사람이 하게 해서 어쩔 수 없이 하게 되었다'는 의미를 나타내는 사역 수동 표현에 대해 알아볼게요.

1. 第(だい)3回(かい)の 国際会議(こくさいかいぎ)が ソウルで 開(ひら)かれました。
   제3회 국제회의가 서울에서 열렸습니다.

2. 先輩(せんぱい)に 無理(むり)やり お酒(さけ)を 飲(の)まされました。
   선배가 억지로 술을 먹여 마실 수 밖에 없었습니다.

3. 母(はは)に 野菜(やさい)を 食(た)べさせられました。
   엄마 때문에 마지못해 채소를 먹었습니다.

문형연습

01 동사의 수동형 (사물)

- 수동형에는 사물이 주어인 경우도 있답니다. 역사적인 사실이나 사건 등 뉴스 · 신문에서 많이 접할 수 있어요.

▷ この 建物(たてもの)は 200年前(ねんまえ)に **建(た)てられました。**

▷ 今回(こんかい)の 国際会議(こくさいかいぎ)は プサンで **開(ひら)かれました。**

▷ 先月(せんげつ) 新(あたら)しい 遺跡(いせき)が **発見(はっけん)されました。**

建物(たてもの) 건물　建(た)てる 세우다　今回(こんかい) 이번　国際会議(こくさいかいぎ) 국제회의　開(ひら)く 열리다　遺跡(いせき) 유적　発見(はっけん) 발견

02 동사의 사역 수동형

- 사역 수동형이란 어떤 일을 자신의 의지와는 상관없이 하게 되었다거나, 곤란한 일을 하도록 지시를 받아서 해야만 했을 때 쓰는 표현이랍니다.

		기본형	사역 수동형
1그룹	끝음인 [u]단음을 [a]단으로 바꾼 후 「される」를 붙인다	買(か)う 사다 待(ま)つ 기다리다 撮(と)る 찍다 飲(の)む 마시다 呼(よ)ぶ 부르다 書(か)く 쓰다 泳(およ)ぐ 헤엄치다	買(か)わされる (억지로)사다 待(ま)たされる (억지로)기다리다 撮(と)らされる (억지로)찍다 飲(の)まされる (억지로)마시다 呼(よ)ばされる (억지로)부르다 書(か)かされる (억지로)쓰다 泳(およ)がされる (억지로)헤엄치다
	끝음인 [u]단음을 [a]단으로 바꾼 후 「せられる」를 붙인다	話(はな)す 이야기하다	話(はな)させられる (억지로)이야기하다
2그룹	끝음인 「る」를 떼고 「させられる」를 붙인다	食(た)べる 먹다	食(た)べさせられる (억지로)먹다
3그룹		する 하다 → させられる (억지로)하다 来(く)る 오다 → 来(こ)させられる (억지로)오다	

TIP

♣ 1그룹 동사는 주로 끝음인 [u]단음을 [a]단으로 바꾼 후 「される」를 붙이지만 끝음인 [u]단음을 [a]단으로 바꾼 후 「せられる」를 붙여서 표현하기도 합니다.

예 行(い)く 가다 → 行(い)かされる / 行(い)かせられる 어쩔 수 없이 가다

▷ 上司(じょうし)に 毎朝(まいあさ) コーヒーを **入(い)れさせられます。**

▷ 子供(こども)の 時(とき)、母(はは)に 野菜(やさい)を **食(た)べさせられました。**

▷ 料理(りょうり)を 習(なら)いに 来(き)たのに お皿(さら)ばかり **洗(あら)わされます。**

▷ 友達(ともだち)に 引(ひ)っ越(こ)しの 準備(じゅんび)を **手伝(てつだ)わされました。**

▷ 学校(がっこう)で 毎日(まいにち) 英語(えいご)で 日記(にっき)を **書(か)かされて** 大変(たいへん)です。

上司(じょうし) 상사　コーヒーを 入(い)れる 커피를 끓이다　お皿(さら) 접시　準備(じゅんび) 준비　手伝(てつだ)う 돕다

체크 포인트

01 다음 그림을 보고 예와 같이 문장을 만들어 보세요.

예

韓国(かんこく)と 日本(にほん)で 2002年(ねん)の ワールドカップを 開(ひら)きました。
→ 2002年(ねん)の ワールドカップは 韓国(かんこく)と 日本(にほん)で 開(ひら)かれました。

① 300年前(ねんまえ)に この 絵(え)を 描(えが)きました。

→ ＿＿＿＿＿＿＿＿＿＿＿＿＿＿＿＿＿＿＿＿。

② 世界中(せかいじゅう)で この 本(ほん)を 読(よ)んで います。

→ ＿＿＿＿＿＿＿＿＿＿＿＿＿＿＿＿＿＿＿＿。

③ 500年前(ねんまえ)に この お寺(てら)を 建(た)てました。

→ ＿＿＿＿＿＿＿＿＿＿＿＿＿＿＿＿＿＿＿＿。

④ いろいろな 国(くに)で この ドラマを 見(み)て います

→ ＿＿＿＿＿＿＿＿＿＿＿＿＿＿＿＿＿＿＿＿。

ワールドカップ 월드컵　絵(え)を 描(えが)く 그림을 그리다　世界中(せかいじゅう) 전 세계　寺(てら) 절　いろいろな 여러 가지
ドラマ 드라마

02 다음 그림을 보고 예와 같이 문장을 만들어 보세요.

예

来る

→ 彼女に 遠くまで 来させられました。

① 待つ

→ 友達に 1時間も ______________________ました。

② 片付ける

→ 先輩に 部室を ______________________ました。

③ する

→ 母に お見合いを ______________________ました。

④ 手伝う

→ 妹の 宿題を ______________________ました。

⑤ 食べる

→ 子供の 時、母に 野菜を ____________________ました。

遠く 멀리　片付ける 정리하다　先輩 선배　部室 부실　見合い 맞선　妹 여동생

회화 체크

다음 밑줄 부분을 보기의 단어로 바꿔가며 이야기해 보세요. 50

吉田　キムさんは ⓐ 子供の 時、よく ⓑ 遊びましたか。

キム　いいえ、あまり ⓑ 遊びませんでした。

　　　吉田さんが ⓐ 子供の 時は どうでしたか。

吉田　ⓒ 塾へ 行かされたり、ⓓ ピアノを 習わされたりしました。

キム　ハハ、ⓔ お母さんは 大変だったでしょうね。

吉田　え？ 私が 大変だったんですよ。

보기

ⓐ 子供(こども)の 時(とき) 어렸을 때
ⓑ 遊(あそ)ぶ 놀다
ⓒ 塾(じゅく)へ 行(い)く 학원에 가다
ⓓ ピアノを 習(なら)う 피아노를 배우다
ⓔ お母(かあ)さん 어머니

1 ⓐ 小(ちい)さい頃(ころ) 어렸을 때
ⓑ 家(うち)に いる 집에 있다
ⓒ 家(いえ)で 勉強(べんきょう)する 집에서 공부하다
ⓓ 本(ほん)を 読(よ)む 책을 읽다
ⓔ ご両親(りょうしん) 부모님

2 ⓐ 学生(がくせい)の 時(とき) 학생 때
ⓑ 勉強(べんきょう)を する 공부를 하다
ⓒ 授業中(じゅぎょうちゅう) 単語(たんご)を 覚(おぼ)える 수업 중 단어를 외우다
ⓓ 授業(じゅぎょう)が 終(お)わってから 補修(ほしゅう)を 受(う)ける 수업이 끝나고 나서 보충수업을 받다
ⓔ 先生(せんせい) 선생님

3 ⓐ 会社員(かいしゃいん)の 時(とき) 회사원이었을 때
ⓑ 残業(ざんぎょう)する 야근하다
ⓒ 毎日(まいにち) 遅(おそ)くまで 働(はたら)く 매일 늦게까지 일하다
ⓓ 週末(しゅうまつ)も 出勤(しゅっきん)する 주말에도 출근하다
ⓔ 上(うえ)の 人(ひと) 윗사람

야스다와 김미나와 박유리가 새로 생긴
치과 병원에 대해 이야기하고 있습니다.

1時間も 待たされたんです 51

安田　駅前に 新しい ビルが 建てられた そうですよ。

パク　ええ、とても 素敵な ビルだ そうですね。
あ、そうだ。その ビルの 中に 歯医者さんは
ありますか。

キム　ええ、ありますが、どうしてですか？

パク　実は 私、昨日から 歯が 痛くて…。

キム　そうですか。でも あそこは やめた ほうが いいで
すよ。先生が あまり 親切じゃないし、私、予約
して 行ったのに 1時間も 待たされたんです。

パク　ええ、そうなんですか。

安田　それなら 2番 出口を 出て 100メートル ぐらい
行くと「マリン」と いう 歯医者が ありますから
そこに 行って みたら どうですか。

パク　ええ、そうします。ありがとう。

단어

建てられる 세워지다　素敵だ 멋지다　歯医者 치과의사
歯 이　痛い 아프다　予約する 예약하다
待たされる 어쩔 수 없이 기다리다　出口 출구

듣기 연습

01 다음을 듣고 일치하는 그림을 골라 보세요. 52

① (　　)

a　b

② (　　)

a　b

③ (　　)

a　b

④ (　　)

a　b

02 다음 대화를 듣고 맞는 문장에는 O, 틀린 문장에는 X를 하세요. 53

①「最後(さいご)の審判(しんぱん)」は ミケランジェロが 描(えが)いた ものです。　(　　)

②「最後(さいご)の審判(しんぱん)」は 7年間(ねんかん) 描(えが)かれました。　(　　)

③「最後(さいご)の審判(しんぱん)」は 1541年(ねん)に 発見(はっけん)されました。　(　　)

단어 총정리

문형연습 54

- 建物(たてもの) 건물
- 建(た)てる 세우다
- 今回(こんかい) 이번
- 国際会議(こくさいかいぎ) 국제회의
- 開(ひら)く 열리다
- 遺跡(いせき) 유적
- 発見(はっけん) 발견
- 上司(じょうし) 상사
- コーヒーを 入(い)れる 커피를 끓이다
- お皿(さら) 접시
- 準備(じゅんび) 준비
- 手伝(てつだ)う 돕다

체크 포인트 55

- ワールドカップ 월드컵
- 絵(え)を 描(えが)く 그림을 그리다
- 世界中(せかいじゅう) 전 세계
- 寺(てら) 절
- いろいろな 여러 가지
- ドラマ 드라마
- 遠(とお)く 멀리
- 片付(かたづ)ける 정리하다
- 先輩(せんぱい) 선배
- 部室(ぶしつ) 부실
- 見合(みあ)い 맞선
- 妹(いもうと) 여동생

회화 본문 56

- 建(た)てられる 세워지다
- 素敵(すてき)だ 멋지다
- 歯医者(はいしゃ) 치과의사
- 歯(は) 이
- 痛(いた)い 아프다
- 予約(よやく)する 예약하다
- 待(ま)たされる 어쩔 수 없이 기다리다
- 出口(でぐち) 출구

듣기 연습 57

- すごい 대단하다
- ミケランジェロ 미켈란젤로
- 最後(さいご)の 審判(しんぱん) 최후의 심판
- ～に よって ～에 의해
- 完成(かんせい)する 완성하다
- 本当(ほんとう)に 정말로
- 感動(かんどう)する 감동하다

한자 체크

者 (놈 자)

음독 しゃ　記者(きしゃ) 기자　医者(いしゃ) 의사

훈독 者(もの) 사람

者　者　者

医者(いしゃ)

医者　医者　医者

待 (기다릴 대)

음독 たい　招待(しょうたい) 초대　期待(きたい) 기대

훈독 待(ま)つ 기다리다

待　待　待

期待(きたい)

期待　期待　期待

間 (사이 간)

음독 かん　時間(じかん) 시간

훈독 間(あいだ) 사이

間　間　間

時間(じかん)

時間　時間　時間

第08課 私(わたし)に させて いただけませんか

이번 과에서는 누군가에게 강제로 행동을 시키거나 행동을 하도록 허용하고 또는 상대에게 어떠한 감정이 들게끔 유발하는 의미를 나타내는 사역 표현에 대해 알아볼게요。

1. 私(わたし)は 母(はは)を 怒(おこ)らせました。
   나는 엄마를 화나게 했습니다.

2. 先生(せんせい)は 学生(がくせい)に 本(ほん)を 読(よ)ませました。
   선생님은 학생에게 책을 읽혔습니다.

3. 明日(あした) 一日(いちにち) 休(やす)ませて いただけませんか。
   내일 하루 쉬어도 되겠습니까?

문형연습

01 동사의 사역형

- 사역형은 '~에게 ~을 시키다 / ~하게 하다'라고 해석하며 상대방에게 어떤 지시를 내리거나 명령하여 그렇게 하도록 하는 것을 말합니다. 사역형에는 강제와 허용, 감정 유발의 사역형이 있답니다.

		기본형	사역형
1그룹	끝음인 [u]단음을 [a]단으로 바꾼 후「せる」를 붙인다	笑う 웃다 持つ 들다 帰る 돌아가(오)다 読む 읽다 遊ぶ 놀다 行く 가다 泳ぐ 헤엄치다 話す 이야기하다	笑わせる 웃게 하다 持たせる 들게 하다 帰らせる 돌아가(오)게 하다 読ませる 읽게 하다 遊ばせる 놀게 하다 行かせる 가게 하다 泳がせる 헤엄치게 하다 話させる 이야기하게 하다
2그룹	끝음인「る」를 떼고「させる」를 붙인다	食べる 먹다	食べさせる 먹게 하다
3그룹		する 하다 → させる 하게 하다 来る 오다 → 来させる 오게 하다	

▷ うちの 会社は 社員に 外国語を **習わせます**。

▷ 先生は 学生に 本を **読ませました**。

▷ 最近の 親は 子供を 小さい 時から 塾に **通わせて** いる そうです。

▷ トイレに 行きたいと 言ったので トイレに **行かせました**。

▷ プレゼントを 用意して 彼女を **喜ばせました**。

うち 우리　社員 사원　外国語 외국어　親 부모　塾 학원　通う 다니다, 통학하다　トイレ 화장실
用意する 준비하다　喜ぶ 기뻐하다

02 [동사의 사역형] + て いただけませんか ~해도 되겠습니까?

▷ 明日(あした) 一日(いちにち) 休(やす)ませて いただけませんか。

▷ 担当者(たんとうしゃ)に 会(あ)わせて いただけませんか。

▷ メールを 送(おく)りたいんですが、ここの パソコンを 使(つか)わせて いただけませんか。

▷ 気分(きぶん)が 悪(わる)いので、今日(きょう)は 早(はや)く 家(いえ)に 帰(かえ)らせて いただけませんか。

一日(いちにち) 하루　休(やす)む 쉬다　担当者(たんとうしゃ) 담당자　送(おく)る 보내다　気分(きぶん)が 悪(わる)い 속이 좋지 않다

체크 포인트

01 다음 그림을 보고 예와 같이 문장을 만들어 보세요.

예

本(ほん)を 読(よ)む

→ 先生(せんせい)は 学生(がくせい)に 本(ほん)を 読(よ)ませました。

① 宿題(しゅくだい)を する

→ ________________________________。

② 掃除(そうじ)を する

→ ________________________________。

③ 窓(まど)を 開(あ)ける

→ ________________________________。

④ 漢字(かんじ)を 書(か)く

→ ________________________________。

02 다음 예와 같이 말해 보세요.

예

担当者(たんとうしゃ)に 会(あ)う

→ 担当者(たんとうしゃ)に 会(あ)わせて いただけませんか。

① 早(はや)く 帰(かえ)る

→ ＿＿＿＿＿＿＿＿＿＿＿＿＿＿＿＿＿＿＿＿＿＿。

② 一日(いちにち) 休(やす)む

→ ＿＿＿＿＿＿＿＿＿＿＿＿＿＿＿＿＿＿＿＿＿＿。

③ パソコンを 使(つか)う

→ ＿＿＿＿＿＿＿＿＿＿＿＿＿＿＿＿＿＿＿＿＿＿。

④ この 仕事(しごと)を する

→ ＿＿＿＿＿＿＿＿＿＿＿＿＿＿＿＿＿＿＿＿＿＿。

회화 체크

●● 다음 밑줄 부분을 보기의 단어로 바꿔가며 이야기해 보세요. 58

ゆり	もしもし、今(いま) どこ？
たくや	もしもし、ゆり？ ちょっと ごめん。
	すみません。ⓐ コピー機(き)を 使(つか)わせて いただけませんか。
店員(てんいん)	はい、いいですよ。
ゆり	え、何(なに)？ また、自分(じぶん)で ⓑ コピーを 取(と)ってるの？
	たまには 後輩(こうはい)に ⓑ 取(と)らせたら いいのに。
たくや	ごめん、今(いま) ちょっと 忙(いそが)しいから 後(あと)で 電話(でんわ)して。
	じゃね。

보기 ⓐ コピー機(き)を 使(つか)う 복사기를 사용하다 ⓑ コピーを 取(と)る 복사를 하다

1 ⓐ この 資料(しりょう)を 見(み)る 이 자료를 보다
ⓑ 報告書(ほうこくしょ)を 作(つく)る 보고서를 만들다

2 ⓐ 写真(しゃしん)を 撮(と)る 사진을 찍다
ⓑ 撮影(さつえい)に 行(い)く 촬영하러 가다

3 ⓐ ここに 車(くるま)を 止(と)める 여기에 차를 세우다
ⓑ 運転(うんてん)する 운전하다

회사 인턴이 될 다나카가 박유리에게 회사 생활에 대해 묻고 있습니다.

회화

私(わたし)に させて いただけませんか 59

田中	来週(らいしゅう)から インターンとして 働(はたら)く ことに なったんです。
パク	それは よかったですね。おめでとう ございます。
田中	ありがとう ございます。社会人先輩(しゃかいじんせんぱい)の ゆりさんに 色々(いろいろ) 聞(き)きたい ことが あるんですが…。
パク	はい、何(なん)でも 聞(き)いて ください。
田中	ゆりさんの 会社(かいしゃ)では インターンに どんな ことを させて いますか。
パク	そうですね。コピーを 取(と)らせたり、忙(いそが)しい 時(とき)には 仕事(しごと)を 手伝(てつだ)わせたり します。
田中	そうですか。
パク	でも、インターンとして 一番(いちばん) 大事(だいじ)なのは 言葉遣(ことばづか)いですよ。
田中	言葉遣(ことばづか)いですか。例(たと)えば どんな ことですか。
パク	何(なに)か したい ことが あったら「私(わたし)が したいです」と 言(い)わないで、「私(わたし)に させて いただけませんか」と 言(い)うんです。

단어

インターン 인턴　働(はたら)く 일하다
おめでとう ございます 축하해요　社会人(しゃかいじん) 사회인
先輩(せんぱい) 선배　手伝(てつだ)う 돕다　大事(だいじ)だ 중요하다
言葉遣(ことばづか)い 말투　例(たと)えば 예를 들면

듣기 연습

01 다음 그림을 보고 내용에 이어질 말을 완성해 보세요. 60

예 
休(やす)む

① 
払(はら)う

② 
撮(と)る

③ 
乗(の)る

예 （休(やす)ませて）いただけませんか。

① （　　　　　　）いただけませんか。

② （　　　　　　）いただけませんか。

③ （　　　　　　）いただけませんか。

02 다음 내용을 듣고 엄마가 시키는 것에 해당하는 그림에는 O, 아닌 것에는 X를 하세요. 61

①  （　　）

②  （　　）

③  （　　）

④  （　　）

단어 총정리

문형연습 62

□ うち 우리
□ 社員(しゃいん) 사원
□ 外国語(がいこくご) 외국어
□ 親(おや) 부모
□ 塾(じゅく) 학원
□ 通(かよ)う 다니다, 통학하다
□ トイレ 화장실
□ 用意(ようい)する 준비하다
□ 喜(よろこ)ぶ 기뻐하다
□ 一日(いちにち) 하루
□ 休(やす)む 쉬다
□ 担当者(たんとうしゃ) 담당자
□ 送(おく)る 보내다
□ 気分(きぶん)が 悪(わる)い 속이 좋지 않다

회화 체크 63

□ 店員(てんいん) 점원
□ 自分(じぶん)で 스스로
□ コピーを 取(と)る 복사를 하다
□ たまには 가끔은
□ 後輩(こうはい) 후배

회화 본문 64

□ インターン 인턴
□ 働(はたら)く 일하다
□ おめでとう ございます 축하해요
□ 社会人(しゃかいじん) 사회인
□ 先輩(せんぱい) 선배
□ 手伝(てつだ)う 돕다
□ 大事(だいじ)だ 중요하다
□ 言葉遣(ことばづか)い 말투
□ 例(たと)えば 예를 들면

듣기 연습 65

□ 入学式(にゅうがくしき) 입학식
□ 写真(しゃしん) 사진
□ 急(いそ)ぐ 서두르다
□ 先(さき)に 먼저
□ 朝(あさ)ご飯(はん) 아침밥
□ 服(ふく) 옷
□ 着(き)る 입다
□ 掃除(そうじ)する 청소하다

한자 체크

言
말씀 언

음독 げん　発言(はつげん) 발음　言語(げんご) 언어

훈독 言(い)う 말하다

言　言　言

言語(げんご)

言語　言語　言語

色
색 색

음독 しょく / しき　特色(とくしょく) 특색　景色(けしき) 경치

훈독 色(いろ) 색깔

色　色　色

景色(けしき)

景色　景色　景色

忙
바쁠 망

음독 ぼう　多忙(たぼう) 다망

훈독 忙(いそが)しい 바쁘다

忙　忙　忙

多忙(たぼう)

多忙　多忙　多忙

第09課 ご家族(かぞく)の ことは 伺(うかが)って おりました

이번 과에서는 자신의 행동을 낮춤으로서 상대를 높여 말하게 되는 겸양 표현에 대해 알아볼게요.

그럼, 오늘의 핵심 포인트를 살펴볼까요?

1. 韓国(かんこく)から 参(まい)りました キムと 申(もう)します。
   한국에서 온 김이라고 합니다.

2. 明日(あした) そちらへ 伺(うかが)います。
   내일 그쪽으로 찾아 뵙겠습니다.

3. これは 田中先生(たなかせんせい)から いただいた 本(ほん)です。
   이것은 다나카 선생님께 받은 책입니다.

4. お手伝(てつだ)い しましょうか。
   도와드릴까요?

문형연습

01 특수 겸양어 ~하다

동사	겸양어
いる 있다	おる 있다
行(い)く 가다	参(まい)る 가다 / 오다
来(く)る 오다	
言(い)う 말하다	申(もう)す 말하다
食(た)べる 먹다 / 飲(の)む 마시다	いただく 먹다 / 마시다 / 받다
もらう 받다	
あげる 주다	さしあげる 드리다
見(み)る 보다	拝見(はいけん)する 보다
会(あ)う 만나다	お目(め)に かかる 만나뵙다
聞(き)く 물어보다	伺(うかが)う 여쭈다 / 방문하다
訪問(ほうもん)する 방문하다	
知(し)って いる 알고 있다	存(ぞん)じて おる 알고 있다
する 하다	いたす 하다

▷ 先週(せんしゅう)、木村(きむら)さんの 作品(さくひん)を **拝見(はいけん)しました**。

▷ 明日(あした)、そちらへ **伺(うかが)っても** よろしいでしょうか。

▷ その ことは よく **存(ぞん)じて おります**。

▷ 担当者(たんとうしゃ)を 呼(よ)んで **参(まい)ります**。

▷ 韓国(かんこく)から **参(まい)りました** キムと 申(もう)します。

▷ **お目(め)に かかる** ことが できて 本当(ほんとう)に 嬉(うれ)しいです。

▷ 弟は 先生に 日本の 本を **いただきました。**

▷ (私は) 部長に ワインを **さしあげました。**

先週 지난주　作品 작품　よろしい '괜찮다'의 공손어　担当者 담당자　呼ぶ 부르다　弟 남동생　部長 부장(님)

ワイン 와인

02

お + [동사의 ます형] + する / いたす　~하다 / ~해 드리다

▷ 荷物が たくさん ありますね。一つ **お持ち します。**

▷ **お手伝い いたしましょうか。**

▷ 資料は メールで **お送り いたします。**

資料 자료

03

お / ご + [명사] + する / いたす　~하다 / ~해 드리다

▷ **ご案内 します。**

▷ **ご説明 いたします。**

▷ **ご報告 します。**

▷ **お電話 いたします。**

案内 안내　説明 설명　報告 보고

체크 포인트

01 다음 예와 같이 알맞게 바꿔보세요.

예 はじめまして。キムと 言(い)います。
→ はじめまして。キムと 申(もう)します。

① 来週(らいしゅう)の 月曜日(げつようび)に そちらに 行(い)きます。

→ ____。

② 明日(あした)、そちらへ 訪問(ほうもん)しても いいですか。

→ ____。

③ もらった お手紙(てがみ)を 見(み)ました。

→ ____。

④ 先生(せんせい)の ことは 以前(いぜん)から 知(し)って いました。

→ ____。

⑤ それは 私(わたし)が します。

→ ____。

来週(らいしゅう) 다음주　そちら 그쪽　訪問(ほうもん) 방문　手紙(てがみ) 편지　以前(いぜん) 이전　知(し)って いる 알다

02 다음 예와 같이 알맞게 바꿔 보세요.

예	예
早く 返します。 → 早く お返し します。 → 早く お返し いたします。	今度 相談します。 → 今度 ご相談 します。 → 今度 ご相談 いたします。

① 説明しましょうか。

→ ____。

→ ____。

② その ことは 私が 話します。

→ ____。

→ ____。

③ 改めて 連絡します。

→ ____。

→ ____。

④ 会場まで 案内しましょうか。

→ ____。

→ ____。

返す 돌려주다　相談する 상담하다　改めて 다시 한번　連絡 연락　会場 회장

체크 포인트

03 다음 그림을 보고 A~F에서 알맞은 것을 골라 (　　) 안에 쓰세요.

① (　　　)

② (　　　)

③ (　　　)

④ (　　　)

⑤ (　　　)

⑥ (　　　)

예

A いただきます。
B 田中(たなか)と 申(もう)します。どうぞ よろしく お願(ねが)いします。
C 電車(でんしゃ)が 参(まい)ります。
D お手洗(てあら)いは あちらで ございます。
E 部長(ぶちょう)は 今(いま)、出(で)かけて おります。
F 私(わたし)が お持(も)ちします。

お手洗(てあら)い 화장실　　あちら 저쪽　　出(で)かける 나가다, 외출하다

회화 체크

다음 밑줄 부분을 보기의 단어로 바꿔가며 이야기해 보세요. 66

イム　今(いま) ⓐ 部長(ぶちょう)から 伺(うかが)ったんですが、日本(にほん)にも 支店(してん)が できるって 本当(ほんとう)ですか。

課長(かちょう)　ええ。ところで、あの 件(けん)は どう なりましたか。

イム　はい、今朝(けさ) お客様(きゃくさま)から ⓑ 連絡(れんらく)が ありました。

課長(かちょう)　では、今(いま) すぐ ⓒ 報告(ほうこく)して くれますか。

イム　はい、すぐ ⓓ 資料(しりょう)を お持(も)ち いたします。

보기　ⓐ 部長(ぶちょう)から 聞(き)く 부장님에게 듣다　ⓑ 連絡(れんらく)が ある 연락이 있다
ⓒ 報告(ほうこく)する 보고하다　ⓓ 資料(しりょう)を 持(も)つ 자료를 들(고오)다

1 ⓐ メールで 見(み)る 메일로 보다　ⓑ 電話(でんわ)が ある 전화가 왔다
ⓒ 内容(ないよう)を 教(おし)える 내용을 가르치다　ⓓ 報告(ほうこく)する 보고하다

2 ⓐ 社内(しゃない) 新聞(しんぶん)で 見(み)る 사내 신문에서 보다
ⓑ ファックスが 届(とど)く 팩스가 도착하다
ⓒ 社長(しゃちょう)の ところへ 持(も)って 行(い)く 사장님 계신 곳에 가지고 가다　ⓓ 届(とど)ける 전하다

3 ⓐ 部長(ぶちょう)から 聞(き)く 부장님에게 듣다　ⓑ メールが 来(く)る 메일이 오다
ⓒ 商品(しょうひん)を 送(おく)る 상품을 보내다　ⓓ 送(おく)る 보내다

박유리가 한국에 놀러 오신 다나카의 어머니를
처음 만나 인사를 나누고 있습니다.

ご家族(かぞく)の ことは 伺(うかが)って おりました 67

パク はじめまして。パクゆりと 申(もう)します。

母親 はじめまして。田中(たなか)の 母(はは)で ございます。
息子(むすこ)が いつも お世話(せわ)に なって おります。

パク いいえ、こちらこそ 田中(たなか)さんには いつも お世話(せわ)に なって おります。ご家族(かぞく)の ことは 田中(たなか)さんから 時々(ときどき) 伺(うかが)って おりましたので、お目(め)に かかれて とても 嬉(うれ)しいです。

………

パク あら！もう 10時(じ)ですね。そろそろ 帰(かえ)らないと…。では、今日(きょう)は これで 失礼(しつれい) いたします。
明日(あした) 10時頃(じごろ) お迎(むか)えに 参(まい)ります。

母親 はい、今日(きょう)は 本当(ほんとう)に ありがとう ございました。
お気(き)を つけて。

단어

~と 申(もう)す ~라고 말씀드리다　~で ございます ~입니다　息子(むすこ) 아들
お世話(せわ)に なる 신세지다　家族(かぞく) 가족　時々(ときどき) 때때로, 가끔씩
伺(うかが)う 듣다(「聞(き)く」의 겸양어)　お目(め)に かかる 만나뵙다
失礼(しつれい) いたします 실례하겠습니다　~頃(ごろ) ~쯤　迎(むか)える 마중가다　参(まい)る 가다, 오다

듣기 연습

01 다음을 듣고 괄호 안에 일치하는 번호를 써 넣으세요. 68

a (　　)　　b (　　)　　c (　　)　　d (　　)

02 다음을 듣고 일치하는 그림을 골라 보세요. 69

① (　　)

a

b

② (　　)

a

b

③ (　　)

a

b

단어 총정리

문형연습 70

- ❑ 先週(せんしゅう) 지난주
- ❑ 作品(さくひん) 작품
- ❑ よろしい '괜찮다'의 공손어
- ❑ 担当者(たんとうしゃ) 담당자
- ❑ 呼(よ)ぶ 부르다
- ❑ 弟(おとうと) 남동생
- ❑ 部長(ぶちょう) 부장(님)
- ❑ ワイン 와인
- ❑ 資料(しりょう) 자료
- ❑ 案内(あんない) 안내
- ❑ 説明(せつめい) 설명
- ❑ 報告(ほうこく) 보고

체크 포인트 71

- ❑ 来週(らいしゅう) 다음주
- ❑ そちら 그쪽
- ❑ 訪問(ほうもん) 방문
- ❑ 手紙(てがみ) 편지
- ❑ 以前(いぜん) 이전
- ❑ 知(し)って いる 알다
- ❑ 返(かえ)す 돌려주다
- ❑ 相談(そうだん)する 상담하다
- ❑ 改(あらた)めて 다시 한번
- ❑ 連絡(れんらく) 연락
- ❑ 会場(かいじょう) 회장
- ❑ お手洗(てあら)い 화장실
- ❑ あちら 저쪽
- ❑ 出(で)かける 나가다, 외출하다

회화 본문 72

- ❑ ～と 申(もう)す ~라고 말씀드리다
- ❑ ～で ございます ~입니다
- ❑ 息子(むすこ) 아들
- ❑ お世話(せわ)に なる 신세지다
- ❑ 家族(かぞく) 가족
- ❑ 時々(ときどき) 때때로, 가끔씩
- ❑ 伺(うかが)う 듣다(「聞(き)く」의 겸양어)
- ❑ お目(め)に かかる 만나뵙다
- ❑ 失礼(しつれい) いたします 실례하겠습니다
- ❑ ～頃(ごろ) ~쯤
- ❑ 迎(むか)える 마중가다
- ❑ 参(まい)る 가다, 오다

듣기 연습 73

- ❑ サラダ 샐러드
- ❑ 重(おも)い 무겁다
- ❑ もう 少(すこ)し 조금 더

한자 체크

早
일찍 조

음독 そう 早期(そうき) 조기 早朝(そうちょう) 조조

훈독 早い(はやい) 이르다, 빠르다

早 早 早

早朝(そうちょう)

早朝 早朝 早朝

持
가질 지

음독 じ 持参(じさん) 지참 支持(しじ) 지지

훈독 持つ(もつ) 가지다, 들다

持 持 持

支持(しじ)

支持 支持 支持

遠
멀 원

음독 えん 永遠(えいえん) 영원 遠足(えんそく) 소풍

훈독 遠い(とおい) 멀다

遠 遠 遠

遠足(えんそく)

遠足 遠足 遠足

第10課 どうぞ 召(め)し上(あ)がって ください

이번 과에서는 상대의 행위를 높임으로서 상대에게 경의를 표하는 존경 표현에 대해 알아볼게요。

그럼, 오늘의 핵심 포인트를 살펴볼까요?

1 何時頃(なんじごろ) いらっしゃいましたか。

몇 시쯤 오셨습니까?

2 隣(となり)の おばあさんが ケーキを 作(つく)って くださいました。

옆 집 할머니가 케이크를 만들어 주셨습니다.

3 いつ頃(ごろ) お戻(もど)りに なりますか。

언제쯤 돌아오십니까?

4 少々(しょうしょう) お待(ま)ちください。

잠시 기다려 주세요.

문형연습

01 특수 존경어 ~하시다

동사	존경어
いる 있다	いらっしゃる 계시다 / 가시다 / 오시다
行く 가다	
来る 오다	
言う 말하다	おっしゃる 말씀하시다
する 하다	なさる 하시다
くれる 주다	くださる 주시다
寝る 자다	お休みに なる 주무시다
知って いる 알다	ご存じだ 아시다
見る 보다	ご覧に なる 보시다
食べる 먹다	召し上がる 드시다
飲む 마시다	

TIP

♣「いらしゃる・おっしゃる・なさる・くださる」의 정중형은 불규칙 활용을 한다.

~る → い + ます

예 いらっしゃいます。

▷ コーヒーと お茶と どちらを **召し上がりますか**。

▷ 一度 こちらへ **いらしゃって** ください。

▷ 田中さん、何と **おっしゃいましたか**。

▷ 先生、この 写真を **ご覧に なりましたか**。

02 お + [동사의 ます형] + に なる ~하시다

▷ 課長(かちょう)は いつ頃(ごろ) **お戻(もど)りに なりますか。**

▷ パクさんは **お出(で)かけに なりましたか。**

▷ 今朝(けさ)の 新聞(しんぶん)、**お読(よ)みに なりましたか。**

課長(かちょう) 과장(님)　~頃(ごろ) ~쯤　戻(もど)る 돌아가(오)다　今朝(けさ) 오늘 아침

03 お / ご + [명사] + なさる ~하시다

▷ どこで 日本語(にほんご)を **お勉強(べんきょう) なさいましたか。**

▷ 田中先生(たなかせんせい)が **ご連絡(れんらく) なさいました**よ。

▷ ご自分(じぶん)で **お料理(りょうり) なさいますか。**

문형연습

04 활용존경어

~하시다

- 수동형과 형태는 같지만 존경의 뜻을 나타내요.

▷ イさんは 日本語(にほんご)の 本(ほん)も たくさん **読(よ)まれるんですね。**

▷ ソウルに いつ **戻(もど)られるんですか。**

▷ 英語(えいご)が お上手(じょうず)ですね。どこで **勉強(べんきょう)されたんですか。**

05 お + [동사의 ます형] + ください / お(ご) + [명사] + ください

~해 주세요

▷ 少々(しょうしょう) **お待(ま)ちください。**

▷ こちらに **おかけください。**

▷ 至急(しきゅう) **ご連絡(れんらく)ください。**

少々(しょうしょう) 잠시　かける 앉다　至急(しきゅう) 급히

체크 포인트

01 다음 예와 같이 문장을 만들어 보세요.

예

どうぞ たくさん 食(た)べて ください。
→ どうぞ たくさん 召(め)し上(あ)がって ください。

① 昨日(きのう)、パクさんの 作品(さくひん)を 見(み)ましたか。

→ ＿＿＿＿＿＿＿＿＿＿＿＿＿＿＿＿＿＿＿＿＿＿＿＿。

② 中田先生(なかたせんせい)は 来(く)る そうです。

→ ＿＿＿＿＿＿＿＿＿＿＿＿＿＿＿＿＿＿＿＿＿＿＿＿。

③ どこで 勉強(べんきょう)しましたか。

→ ＿＿＿＿＿＿＿＿＿＿＿＿＿＿＿＿＿＿＿＿＿＿＿＿。

④ もう 寝(ね)て います。

→ ＿＿＿＿＿＿＿＿＿＿＿＿＿＿＿＿＿＿＿＿＿＿＿＿。

⑤ これ以上(いじょう)は 言(い)わないで ください。

→ ＿＿＿＿＿＿＿＿＿＿＿＿＿＿＿＿＿＿＿＿＿＿＿＿。

作品(さくひん) 작품　　これ以上(いじょう) 이 이상, 더 이상

체크 포인트

02 다음 그림을 보고 예와 같이 문장을 만들어 보세요.

예

こちらで しばらく お待ちください。（待つ）

① こちらに お名前と ご住所を ＿＿＿＿＿＿くださいㅤ。（書く）

② どうぞ、中に ＿＿＿＿＿＿ください。（入る）

③ 危ないので ＿＿＿＿＿＿ください。（注意する）

④ 宅配便で ＿＿＿＿＿＿ください。（送る）

⑤ この タオルを ＿＿＿＿＿＿ください。（使う）

⑥ こちらへ ＿＿＿＿＿＿ください。（かける）

しばらく 잠시　住所 주소　危ない 위험하다　注意する 주의하다　宅配便 택배　送る 보내다　タオル 수건

회화 체크

다음 밑줄 부분을 보기의 단어로 바꿔가며 이야기해 보세요. 74

イム　あの、部長(ぶちょう)は いつ頃(ごろ) いらっしゃるんですか。

社員(しゃいん)　すぐ 戻(もど)ると 思(おも)いますので、少々(しょうしょう) お待(ま)ちください。

ⓐ コーヒーでも 召(め)し上(あ)がりますか。

イム　はい、ありがとう ございます。

社員(しゃいん)　明日(あした)の ⓑ 約束(やくそく)の 場所(ばしょ)は ご存(ぞん)じですか。

イム　はい。昨日(きのう) 部長(ぶちょう)が ⓒ 教(おし)えて くださいました。

보기　ⓐ コーヒーを 飲(の)む 커피를 마시다　ⓑ 約束(やくそく)の 場所(ばしょ) 약속 장소　ⓒ 教(おし)える 가르치다

1. ⓐ 雑誌(ざっし)を 見(み)る 잡지를 보다　ⓑ 約束(やくそく)の 時間(じかん) 약속 시간　ⓒ 電話(でんわ)で 知(し)らせる 전화로 알리다
2. ⓐ パソコンを する 컴퓨터를 하다　ⓑ 会議(かいぎ)の こと 회의에 관한 것　ⓒ メールで 送(おく)る 메일로 보내다
3. ⓐ 新聞(しんぶん)を 読(よ)む 신문을 읽다　ⓑ ゴルフの 場所(ばしょ) 골프 장소　ⓒ パンフレットを 見(み)せる 팸플릿을 보여주다

박유리가 다나카의 어머니가 묵고 있는 호텔로 찾아가서 이야기 나누고 있습니다.

회화

どうぞ 召(め)し上(あ)がって ください 75

パク おはよう ございます。

母親 はい、ゆりさん、おはよう ございます。どうぞ お入(はい)りください。

パク おじゃまします。

母親 どうぞ おかけください。

パク はい、ありがとう ございます。

母親 よろしかったら お菓子(かし)でも 召(め)し上(あ)がって ください。

パク いただきます。お母様(かあさま)、この お菓子(かし) おいしいですね。どちらの お菓子(かし)ですか。

母親 うちの 近所(きんじょ)で 買(か)ったものですが、たくさん ありますので よろしかったら お土産(みやげ)に どうぞ。

パク ありがとう ございます。それじゃ、遠慮(えんりょ)なく いただきます。

단어

おじゃまします 실례하겠습니다　お菓子(かし) 과자

召(め)し上(あ)がる 드시다 (「食(た)べる」의 존경어)　いただく 받다 (「もらう」의 겸양어)

近所(きんじょ) 근처　お土産(みやげ) 선물　遠慮(えんりょ)なく 사양 않고

듣기 연습

01 다음을 듣고 괄호 안에 일치하는 번호를 써 넣으세요. 76

a (　　)　　b (　　)　　c (　　)　　d (　　)

02 다음 대화 후 남자는 무엇을 하는지 a, b 둘 중에서 고르세요. 77

① a. 飲(の)みます　/　b. 乗(の)ります
② a. 使(つか)います　/　b. 作(つく)ります
③ a. 言(い)います　/　b. 食(た)べます
④ a. 出(で)ます　/　b. 出(だ)します

단어 총정리

문형연습 78

- ❑ 課長(かちょう) 과장(님)
- ❑ ～頃(ごろ) ～쯤
- ❑ 戻(もど)る 돌아가(오)다
- ❑ 今朝(けさ) 오늘 아침
- ❑ 少々(しょうしょう) 잠시
- ❑ かける 앉다
- ❑ 至急(しきゅう) 급히

체크 포인트 79

- ❑ 作品(さくひん) 작품
- ❑ これ以上(いじょう) 이 이상, 더 이상
- ❑ しばらく 잠시
- ❑ 住所(じゅうしょ) 주소
- ❑ 危(あぶ)ない 위험하다
- ❑ 注意(ちゅうい)する 주의하다
- ❑ 宅配便(たくはいびん) 택배
- ❑ 送(おく)る 보내다
- ❑ タオル 수건

회화 본문 80

- ❑ おじゃまします 실례하겠습니다
- ❑ お菓子(かし) 과자
- ❑ 召(め)し上(あ)がる 드시다 (「食(た)べる」의 존경어)
- ❑ いただく 받다 (「もらう」의 겸양어)
- ❑ 近所(きんじょ) 근처
- ❑ お土産(みやげ) 선물
- ❑ 遠慮(えんりょ)なく 사양 않고

듣기 연습 81

- ❑ スピーチ 스피치
- ❑ お言葉(ことば)に 甘(あま)えて 말씀을 받아들여 사양않고
- ❑ 会議(かいぎ) 회의
- ❑ 終(お)わる 끝나다

한자 체크

明

밝을 명

음독 みょう / めい　明日(みょうにち) 내일　発明(はつめい) 발명　説明(せつめい) 설명

훈독 明(あか)るい 밝다

明　明　明

説明(せつ めい)

説明　説明　説明

親

친할 친

음독 しん　親切(しんせつ) 친절　両親(りょうしん) 부모

훈독 親(した)しい 친하다

親　親　親

両親(りょう しん)

両親　両親　両親

願
바랄 원

음독 がん　志願(しがん) 지원　願書(がんしょ) 원서

훈독 願う(ねがう) 바라다

願 願 願

願書(がんしょ)

願書 願書 願書

독해 I

- 다음 내용을 잘 읽고 맞으면 ○, 틀리면 ×표를 하세요.

昔の テレビは カラーじゃありませんでした。白黒だったから、ドラマを 見ても 俳優が どんな 色の 服を 着て いるか 分かりませんでした。

韓国では 1980年に、カラーテレビが 見られる ように なりました。その 時「家で カラー映画が 見られる ように なると、映画館が なくなる」と 心配する 人も いた そうです。そして、知り合いに 会うと「もう カラーテレビを 買いましたか」と 聞くのが あいさつに なるくらい ブームだった そうです。

初めの 頃は「カラーテレビを 見ると 色が 強すぎて、目が 痛く なる」と 言う 人も いましたが、多くの 人は 俳優の 表情や 動きが よく 分かるので、ドラマが おもしろく なったと 喜んだ そうです。

(1) (　) 1970年(ねん)には テレビを 見(み)る ことが できませんでした。

(2) (　) カラーテレビが 見(み)られる ように なって、映画館(えいがかん)が なくなりました。

(3) (　) カラーテレビは すぐ ブームに なりました。

(4) (　) カラーテレビは 目(め)が 痛(いた)く なるので、人気(にんき)が ありませんでした。

단어

- 昔(むかし) 옛날
- カラー [color] 컬러
- 白黒(しろくろ) 흑백
- 俳優(はいゆう) 배우
- どんな 어떤
- 色(いろ) 색깔
- 服(ふく) 옷
- 着(き)る 입다
- 分(わ)かる 알다
- 映画館(えいがかん) 영화관
- 心配(しんぱい)する 걱정하다
- 知(し)り合(あ)い 아는 사람
- あいさつ 인사
- ブーム [boom] 붐
- 初(はじ)め 시작, 처음
- 強(つよ)い 강하다
- 痛(いた)い 아프다
- 多(おお)くの 人(ひと) 많은 사람
- 表情(ひょうじょう) 표정
- 動(うご)き 움직임
- 喜(よろこ)ぶ 기뻐하다
- 人気(にんき) 인기

독해 2

- 다음 내용을 잘 읽고 맞으면 ○, 틀리면 ×표를 하세요.

昔から 犬は、人の 友達でした。兄弟が いなくても、犬が いると 寂しく ありません。犬は いい 友達に なって くれます。また、寒い ところでは、犬に 荷物を 運ばせたり 人の 仕事を 手伝わせたり して いました。犬は 便利な 動物でした。

でも、最近の 犬は 人の ような 生活を して います。人は 犬に 服を 着せたり、美容室に 行かせたり します。出かける 時も 靴を はかせます。犬用の ケーキや お菓子を 食べさせます。人より いい 生活を して いるのかも しれません。

でも、いい ことだけじゃありません。アパートに 住む 犬は 声が 出なく なる 手術を 受けさせられたり、一日中 部屋に いさせられたり します。犬も ストレスで 病気に なる そうです。それでも やっぱり、犬は 人と いる 時が 一番 幸せそうです。これからも ずっと、犬は 人の 友達で いるでしょう。

(1) (　) 兄弟(きょうだい)が いない 人(ひと)に、犬(いぬ)は いい 友達(ともだち)に なって くれます。

(2) (　) 寒(さむ)い ところでは 犬(いぬ)が 人(ひと)の 仕事(しごと)を 手伝(てつだ)います。

(3) (　) 犬(いぬ)は 人(ひと)より いい 生活(せいかつ)を して いるので、ストレスが たまりません。

(4) (　) アパートに 住(す)む 犬(いぬ)は、大(おお)きい 鳴(な)き声(ごえ)を 出(だ)しては いけません。

단어

- 兄弟(きょうだい) 형제
- 寂(さび)しい 외롭다
- 荷物(にもつ)を 運(はこ)ぶ 짐을 옮기다
- 手伝(てつだ)う 돕다
- 便利(べんり)だ 편리하다
- 最近(さいきん) 최근
- 生活(せいかつ) 생활
- 美容室(びようしつ) 미용실
- 出(で)かける 나가다, 외출하다
- 靴(くつ)を はく 신발을 신다
- 犬用(いぬよう) 애완용
- お菓子(かし) 과자
- 声(こえ) 목소리
- 手術(しゅじゅつ)を 受(う)ける 수술을 받다
- 一日中(いちにちじゅう) 하루 종일
- ストレス 스트레스
- 病気(びょうき) 병
- それでも 그럼에도 불구하고
- やっぱり 역시
- 幸(しあわ)せだ 행복하다
- これからも 앞으로도
- ずっと 계속, 쭉
- ストレスが たまる 스트레스가 쌓이다
- 鳴(な)き声(ごえ) (동물이)우는 소리

그림회화

단어

- デパート 백화점
- エスカレーター 에스컬레이터
- 階段(かいだん) 계단
- エレベーター 엘리베이터
- トイレ 화장실
- 子供(こども)に 泣(な)かれる 아이가 울어서 곤란하다
- 叱(しか)る 혼내다
- 盗(ぬす)まれる 도둑맞다
- ネクタイ 넥타이
- 電話(でんわ)する 전화하다
- 怒(おこ)る 화내다
- 聞(き)かれる (누가) 나에게 묻다
- 案内(あんない)する 안내하다
- 服(ふく) 옷
- 説明(せつめい)する 설명하다
- いろんな 여러 가지
- 教(おし)える 가르치다
- 多(おお)くの人(ひと) 많은 사람
- 勧(すす)める 추천하다, 권하다
- 踏(ふ)まれる 밟히다
- 選(えら)ぶ 고르다
- 親切(しんせつ)だ 친절하다
- 無理(むり)やりに 억지로
- プレゼント 선물
- 荷物(にもつ) 짐
- かまれる 물리다
- カード 카드
- もったいない 아깝다

듣기 스크립트 및 정답

듣기 스크립트 및 정답

第01課 体にも よさそうですね

01

① 今にも 雨が 降りそうです。

② 危ない。かばんが 落ちそうです。

③ 試験の 結果を 見て とても 嬉しそうです。

④ この 本は 絵が たくさん あって とても おもしろそうです。

정답 ① - b　② - b　③ - a　④ - a

02

女 おいしそうですね。

男 この ラーメンですか。とても 辛そうに 見えますが。

女 そうですか。私には 全然 辛く なさそうですが。

男 イさんは 辛い物は 大丈夫なんですか。

女 ええ、大好きです。

男 そうですか。私は 全然 食べられません。

정답 ① - X　② - ○　③ - X

第02課 事故でも あった ようですね

01

① 木村さんの 家に 何回も 電話したんですが、全然 出ないんです。

② 木村さんは お昼も ピザを 食べたのに、また ピザを 食べて いますね。

③ 木村さんと 彼女、週末に 結婚ゆびわを 買いに 行った そうですよ。

정답
① - いない
② - 好きな
③ - 結婚する

02

昨日、木村さんと 木村さんの 奥さんと 一緒に 食事を しました。奥さんは 人形の ように とても

듣기 스크립트 및 정답

かわいくて、性格も よさそうでした。それから 料理も 上手な ようでした。
私も 木村さんの 奥さんの ような人と 結婚したいなあと 思いました。

정답 ①-X ②-○ ③-○ ④-X

第03課 まっすぐ 行くと 銀行が あります

01

① 女 木村さんは 子供の 時、何に なりたかったですか。
男 私は 先生に なりたかったです。

② 女 木村さん、最近 かっこよく なりましたね。
男 ええ、彼女が できた そうですよ。

③ 女 木村さん、熱でも あるんですか。顔が 赤いですよ。
男 実は 今 ちょっと お酒を 飲んだので…。お酒を 飲むと 顔が 赤く なるんです。

정답
①-先生に なりたかったです
②-かっこよく なりました
③-顔が 赤く なります

02

男 すみませんが、銀行は どこですか。
女 まっすぐ 行くと 信号が あります。その 信号を 左に 曲がって ください。銀行は その 通りの 右側に あります。
男 ありがとう ございます。あ、すみません。それから、薬屋にも 行きたいんですが。
女 薬屋ですか。薬屋は その 銀行の 向かい側に ありますよ。

정답 ①-A ②-C

듣기 스크립트 및 정답

第04課 電子(でんし)ランドに 行(い)けば 安(やす)く 買(か)えます

01

① 一生懸命(いっしょうけんめい) 運動(うんどう)を すれば、やせます。

② インターネットで 買(か)えば、安(やす)く 買(か)えます。

③ 天気(てんき)が よければ、出(で)かけます。

④ 簡単(かんたん)な 漢字(かんじ)ならば、読(よ)めます。

정답　a - ②　b - ③　c - ①　d - ④

02

田中(たなか)　キムさんは ピアノが 上手(じょうず)ですね。

キム　ありがとう ございます。でも、練習(れんしゅう)すれば、誰(だれ)でも ひく ことが できますよ。

田中(たなか)　そうですか。どのくらい 練習(れんしゅう)すれば、キムさんの ように 上手(じょうず)に なれますか。

キム　そうですね。毎日(まいにち) 1時間(じかん)ぐらい 練習(れんしゅう)すれば 上手(じょうず)に なると 思(おも)いますよ。

田中(たなか)　毎日(まいにち) 1時間(じかん)ですか。それは 大変(たいへん)ですね。

정답　① - 練習(れんしゅう)すれ　② - 1時間(じかん)

第05課 甘(あま)い物(もの)は 食(た)べない ことに して いるんです

01

① 明日(あした) 雨(あめ)が 降(ふ)る そうです。だから、友達(ともだち)の 家(いえ)に 行(い)かない つもりです。

② 宿題(しゅくだい)も 全部(ぜんぶ) 終(お)わったし、ちょっと 暇(ひま)なので、週末(しゅうまつ)は 友達(ともだち)に 会(あ)う つもりです。

③ 学生(がくせい)が 多(おお)く なったので 来週(らいしゅう)からは もっと 広(ひろ)い 教室(きょうしつ)で 勉強(べんきょう)します。

④ 社長(しゃちょう)が 入院(にゅういん)した そうです。だから、一週間(いっしゅうかん) 会社(かいしゃ)を 休(やす)みます。

정답
① - 行(い)かない
② - 友達(ともだち)に 会(あ)う
③ - 勉強(べんきょう)する
④ - 会社(かいしゃ)を 休(やす)む

02

イ　ここは 甘(あま)い物(もの)が おいしそうですよ。木村(きむら)さんは 何(なに)に しますか？
木村(きむら)　私(わたし)は 甘(あま)い物(もの)は あまり 好(す)きじゃないし、今(いま)、お腹(なか)も すいて いないので、コーヒーに します。田中(たなか)さんは 何(なに)に しますか。
田中(たなか)　私(わたし)、この 頃(ごろ) コーヒーの 飲(の)みすぎなので…。ジュースに します。イさんは どうしますか。
イ　そうですね…。じゃ、私(わたし)は ケーキに します。

정답　① - a　② - c　③ - b

第06課 カードは 使(つか)われなかったんです

01

① 妹(いもうと)は 兄(あに)に 宿題(しゅくだい)を 捨(す)てられました。
② ゆりさんは 泥棒(どろぼう)に 財布(さいふ)を 盗(ぬす)まれました。
③ 学生(がくせい)は 先生(せんせい)に 呼(よ)ばれました。
④ 夫(おっと)は 妻(つま)に 怒(おこ)られました。

정답　① - a　② - a　③ - b　④ - b

02

キム　田中(たなか)さん、元気(げんき)が ありませんね。どうしたんですか。
田中(たなか)　母(はは)に しかられたんです。
キム　え？ 何(なに)か あったんですか。
田中(たなか)　妹(いもうと)に 日記(にっき)を 読(よ)まれて けんかを したんです。
キム　そうですか。それは 本当(ほんとう)に 嫌(いや)ですね。

정답　① - X　② - ○　③ - X

듣기 스크립트 및 정답

第07課 1時間も 待たされたんです

01

① キムさんは カラオケで 田中さんに 歌わされました。

② キムさんは 田中さんに 1時間も 待たされました。

③ 田中さんは キムさんに ビールを 飲まされました。

④ 田中さんは キムさんに キムさんの 家まで 来させられました。

정답 ① - b　② - b　③ - b　④ - a

02

男 これは いつ 見ても すごいですね。

女 何の 絵ですか。

男 ミケランジェロの「最後の 審判」です。これは ミケランジェロに よって 描かれたもので、1541年に 完成されたと 言われて いる…。

女 描くのに 7年間も かかったんですね。

男 これは 本当に 感動しますよ。

정답 ① - ○　② - ○　③ - X

第08課 私に させて いただけませんか

01

例) 部長、明日 うちの 子供の 入学式が あるんですが、一日 ______。

① 今日は 私に ______。

② すみませんが、ちょっと 写真を ______。

③ すみません、急いで いるので、先に ______。

정답

① - 払わせて

② - 撮らせて

③ - 乗らせて

듣기 스크립트 및 정답

02

私の 母は 本当に 忙しいです。毎朝、私たちに 朝ご飯を 食べさせてから、きれいな 服を 着させて、学校へ 行かせます。
私たちが 学校から 帰って きたら、部屋の 掃除を させたり、明日の 学校の 準備を させたり、部屋で 大きい 声で 本を 読ませたりします。

정답 ①-X　②-○　③-X　④-○

第09課 ご家族の ことは 伺って おりました

01

① 私も 拝見しましたが、よく 分かりません。

② 先生の ことは よく 存じて おります。

③ 田中先生には 前に 一度 お目にかかった ことが あります。

④ 息子なら、今 家には おりませんが。

정답 a-①　b-④　c-②　d-③

02

① 男 サラダ、お取り しましょうか。
女 お願いします。

② 男 その かばん、重く ありませんか。よかったら、お持ち しますよ。
女 あ、すみません。

③ 男 ご飯、もう 少し 召し上がりませんか。
女 いただきます。

정답 ①-b　②-b　③-a

듣기 스크립트 및 정답

第10課 どうぞ 召し上がって ください

01

① これから 中村先生が スピーチを なさいます。

② 中村先生なら 学校に いらっしゃいます。

③ 中村先生なら もう お帰りに なりました。

④ 中村先生、どうぞ お入り ください。

정답 a - ④ b - ① c - ③ d - ②

02

① 女 何か お飲みに なりますか。
男 はい、お願いします。

② 女 この パソコン、よかったら お使いください。
男 では、お言葉に 甘えて。

③ 女 どうぞ、召し上がって ください。
男 はい、いただきます。

④ 女 何時ごろ 出られますか。
男 会議が 終わったら、すぐ。

정답 ① - a ② - a ③ - b ④ - a

EASY ICHIBAN 일본어 초급 4

초판발행	2010년 9월 30일
1판 5쇄	2025년 4월 20일
감수	김조웅
저자	박나리, 김선혜, 김선리, 田立いずみ
책임 편집	조은형, 김성은, 오은정, 무라야마 토시오
펴낸이	엄태상
콘텐츠 제작	김선웅, 장형진
마케팅	이승욱, 왕성석, 노원준, 조성민, 이선민
경영기획	조성근, 최성훈, 김다미, 최수진, 오희연
물류	정종진, 윤덕현, 신승진, 구윤주
펴낸곳	시사일본어사(시사북스)
주소	서울시 종로구 자하문로 300 시사빌딩
주문 및 교재 문의	1588-1582
팩스	0502-989-9592
홈페이지	www.sisabooks.com
이메일	book_japanese@sisadream.com
등록일자	1977년 12월 24일
등록번호	제 300-2014-92호

ISBN 978-89-402-7237-4 18730
978-89-402-7238-1 18730 (set)

가르치기 쉽고, 배우기 쉬운

EASY ICHIBAN いちばん 일본어

저자 박나리, 김선혜, 김선리, 田立いずみ
감수 김조웅

포켓북

초급 4

시사일본어사

EASY ICHIBAN 日本語

DIRECT BASIC-4

감수 김조웅 편저 박나리, 김선혜, 김선리, 田立いずみ

차례

문형연습

01 ~そうです　~(일) 것 같습니다 [양태]

어떤 것을 판단함에 있어 사실을 확인하지는 못했지만 인상과 겉모습으로 보아 '~일 것 같다'라고 예상할 때 사용하는 표현이랍니다.

		긍정		부정	
	기본형	활용방법	예문	활용방법	예문
ナ형용사	暇だ 한가하다	기본형「〜~~だ~~」+ そうです	暇そうです 한가한 것 같습니다	기본형「〜~~だ~~」+じゃ +なさそうです	暇じゃなさそうです 한가한 것 같지 않습니다
イ형용사	おいしい 맛있다	기본형「〜~~い~~」+ そうです	おいしそうです 맛있을 것 같습니다	기본형「〜~~い~~」+く+ なさそうです	おいしく なさそうです 맛있을 것 같지 않습니다
동사	落ちる 떨어지다	동사의 ます형+ そうです	落ちそうです 떨어질 것 같습니다	동사의 ない형+なさ そうです 동사의 ます형+そう に ありません	落ちなさそうです 落ちそうに ありません 떨어질 것 같지 않습니다
예외	いい 좋다	よさそうです 좋을 것 같습니다		よく なさそうです 좋을 것 같지 않습니다	
	ない 없다	なさそうです 없을 것 같습니다			

▷ この りんごは おいし**そうです**ね。이 사과 맛있을 것 같아요.

▷ 田中さん、今日は 気分が よさ**そうです**ね。다나카 씨, 오늘은 기분이 좋은 것 같네요.

▷ みんな 忙し**そうだった**ので、私も 帰れませんでした。
모두 바쁜 것 같아서, 저도 돌아가지 못했습니다.

▷ 結婚式の 日、新郎と 新婦は 幸せ**そうでした**。
결혼식 날, 신랑과 신부는 행복한 것 같았습니다.

▷ シャツの ボタンが とれ**そうです**よ。셔츠 단추가 떨어질 것 같아요.

- 今(いま)にも 雨(あめ)が 降(ふ)りそうです。 당장이라도 비가 내릴 것 같습니다.
- とても 大(おお)きくて 私(わたし)の かばんに 入(はい)りそうに ありません。
  너무 커서 제 가방에 들어갈 것 같지 않네요.

02

~そうな + [명사] ~(일) 것 같은~
~そうに + [동사 / 형용사] ~(일) 것 같이~

- 丈夫(じょうぶ)そうな かばんですから、きっと 大丈夫(だいじょうぶ)でしょう。
  튼튼할 것 같은 가방이니까, 분명 괜찮겠지요.
- 暖(あたた)かそうな コートを 着(き)て いますね。 따뜻해 보이는 코트를 입고 있네요.
- 今(いま)にも 泣(な)き出(だ)しそうに 見(み)えます。 당장이라도 울음을 터뜨릴 것 같이 보입니다.

회화

体(からだ)にも よさそうですね 02

田中 ゆりさん！ 今日(きょう)は ぼくが おごりますから どうぞ たくさん 食(た)べて ください。

パク いただきます。うーん、おいしい！ 私(わたし)、これ 大好(だいす)きなんです。

田中 それは 何(なん)ですか。ちょっと 辛(から)そうですが。

パク これは ゴルベンイムチムと いう 料理(りょうり)ですが、あまり 辛(から)く ないんですよ。田中(たなか)さんも どうぞ 食(た)べて みて ください。

田中 わあ、おいしい！ 新鮮(しんせん)で 体(からだ)にも よさそうですね。

パク はい、体(からだ)に いい 物(もの)ですから、たくさん 食(た)べて ください。

해석

다나카 : 유리 씨! 오늘은 제가 한턱낼 테니까, 어서 많이 드세요.

박유리 : 잘 먹겠습니다. 음~, 맛있어!
저 이거 굉장히 좋아하거든요.

다나카 : 그건 뭔가요? 좀 매울 것 같은데요.

박유리 : 이건 골뱅이무침이라는 요리인데요, 그다지 맵지 않아요. 다나카 씨도 어서 먹어 보세요.

다나카 : 와아, 맛있다! 신선하고 몸에도 좋을 것 같아요.

박유리 : 네, 몸에 좋은 것이니까, 많이 드세요.

듣기연습

01 다음을 듣고 일치하는 그림을 골라 보세요. 03

시나리오

① 今にも 雨が 降りそうです。	① 당장이라도 비가 내릴 것 같습니다.
② 危ない。かばんが 落ちそうです。	② 위험해. 가방이 떨어질 것 같아요.
③ 試験の 結果を 見て とても 嬉しそうです。	③ 시험 결과를 보고 매우 기쁜 듯합니다.
④ この 本は 絵が たくさん あって とても おもしろそうです。	④ 이 책은 그림이 많아서 매우 재미있을 것 같습니다.

02 다음 대화를 듣고 맞는 문장에는 O, 틀린 문장에는 X를 하세요. 04

시나리오

女 おいしそうですね。	여 : 맛있을 것 같네요.
男 この ラーメンですか。とても 辛そうに 見えますが。	남 : 이 라면 말이에요? 굉장히 매워 보이는데요.
女 そうですか。私には 全然 辛くなさそうですが。	여 : 그래요? 제가 보기엔 전혀 매울 것 같지 않은데요.
男 イさんは 辛い物は 大丈夫なんですか。	남 : 이 씨는 매운 음식은 괜찮나요?
女 ええ、大好きです。	여 : 네, 매우 좋아해요.
男 そうですか。私は 全然 食べられません。	남 : 그래요? 저는 전혀 못 먹어요.

단어 총정리

第01課 体(からだ)にも よさそうですね

문형연습 05

- □ りんご 사과
- □ 気分(きぶん) 기분
- □ 結婚式(けっこんしき) 결혼식
- □ 新郎(しんろう) 신랑
- □ 新婦(しんぷ) 신부
- □ 幸(しあわ)せだ 행복하다
- □ シャツ 셔츠
- □ ボタンが とれる 단추가 떨어지다
- □ 今(いま)にも 당장이라도
- □ 入(はい)る 들어가다
- □ 丈夫(じょうぶ)だ 튼튼하다
- □ きっと 분명히, 틀림없이
- □ 大丈夫(だいじょうぶ)だ 괜찮다
- □ 暖(あたた)かい 따뜻하다
- □ コート 코트
- □ 泣(な)き出(だ)す 울음을 터트리다

체크 포인트 06

- □ 甘(あま)い 달다
- □ 頭(あたま)が いい 머리가 좋다
- □ 荷物(にもつ) 짐
- □ 落(お)ちる 떨어지다
- □ 便利(べんり)だ 편리하다
- □ 嬉(うれ)しい 기쁘다

회화 체크 07

- □ 曇(くも)る 흐리다
- □ ほほ笑(え)む 미소짓다

회화 본문 08

- □ ぼく 나
- □ おごる 한턱내다
- □ いただきます 잘 먹겠습니다
- □ 大好(だいす)きだ 매우 좋아하다
- □ 料理(りょうり) 요리
- □ 辛(から)い 맵다
- □ 新鮮(しんせん)だ 신선하다

듣기 연습 09

- □ 危(あぶ)ない 위험하다
- □ 試験(しけん) 시험
- □ 結果(けっか) 결과
- □ 絵(え) 그림
- □ 全然(ぜんぜん) 전혀
- □ これから 이제부터, 지금부터

문형연습

01 [보통체] + ようです　~인 것 같습니다 [추량]

「～ようです」는 사람의 감각, 체험 등을 통해서 주관적인 판단이나 추측을 할 때 많이 사용하는 표현이에요. 명사는「の＋ようです」, ナ형용사는「～な＋ようです」랍니다.

▷ 頭も 痛いし、せきも 出るし、どうやら 風邪を ひいた ようです。
머리도 아프고 기침도 나고, 아무래도 감기에 걸린 것 같습니다.

▷ 夕べ 掃除を した ようですね。部屋が きれいです。
어젯밤 청소를 한 것 같군요. 방이 깨끗해요.

▷ 体調が 悪い ようですね。今日は 早く 帰って 休んだ ほうが いいですよ。
컨디션이 안 좋은 것 같네요. 오늘은 빨리 돌아가서 쉬는 게 좋겠어요.

02 ～ような + [명사]　~인 것 같은~
～ように + [동사 / 형용사]　~인 것 같이~ / ~인 것처럼~ [비유]

「～ようだ」는 '(마치) ~인 것 같다'라는 의미이며, 어떤 것을 다른 것에 비유해서 말할 때도 쓰인답니다.

▷ 私の 友達は まるで 天使の ように 優しいです。
내 친구는 마치 천사 같이 다정합니다.

▷ 先生は 今日 学生の ように 見えます。 선생님은 오늘 학생처럼 보입니다.

▷ イさんは 子供の ような 性格の 人です。 이 씨는 어린아이 같은 성격의 사람입니다.

TIP

♣ [동사] +ように ~하도록

ご飯を 食べたら すぐ 歯を 磨く ように して います。 밥을 먹으면 바로 이를 닦도록 하고 있습니다.

03 [보통체] + みたいです ~인 것 같습니다 [추량]

「~みたいです」는 「~ようです」의 회화체라고 생각하면 된답니다.

	~ようです	~みたいです
명 사	天使の ようです	天使 みたいです
ナ형용사	きれいな ようです	きれい みたいです
イ형용사	痛い ようです	痛い みたいです
동 사	食べた ようです	食べた みたいです

▷ あの 二人、また けんかした みたいです。 저 두 사람 또 싸운 것 같아요.

▷ 木村さんは おはしの ほうが 楽 みたいですね。
기무라 씨는 젓가락 쪽이 편한 듯하네요.

▷ 平気だと 言って いたけれど、本当は 大変だった みたいだね。
괜찮다고 말했었지만, 사실은 힘들었던 것 같구나.

04 ~みたいな + [명사] ~인 것 같은~ / ~みたいに + [동사 / 형용사] ~인 것 같이~ / ~인 것처럼~ [비유]

▷ 子供 みたいな ことを 言わないで ください。 어린아이 같은 말을 하지 마세요.

▷ 最近の 携帯は まるで パソコン みたいに 便利です。
요즘 휴대전화는 마치 컴퓨터처럼 편리합니다.

▷ 二人は 兄弟 みたいに よく 似て います。 두 사람은 형제처럼 많이 닮았습니다.

회화

事故でも　あった　ようですね 11

田中 人が　たくさん　集まって　いますよ。

パク 事故でも　あった　ようですね。

田中 ちょっと　行って　みましょうか。

パク わあ、ひどい。大きい　事故だった　みたいですね。

田中 そうですね。運転して　いた　人は　大けがを　した　みたいです。

パク かわいそうに。

田中 最近、交通事故が　多く　なって　いる　そうですよ。

パク そうですか。私たちも　運転する　時は　気を　つけましょう。

田中 ええ、安全が　一番ですからね。

해석

다나카 : 사람이 많이 모여있어요.

박유리 : 사고라도 난 듯하네요.

다나카 : 좀 가 볼까요?

박유리 : 와, 심하다. 큰 사고였던 것 같아요.

다나카 : 그렇네요. 운전하던 사람은 크게 다친 것 같아요.

박유리 : 불쌍하게도.

다나카 : 최근 교통사고가 많아지고 있다고 해요.

박유리 : 그래요? 우리도 운전할 때는 조심하자구요.

다나카 : 네, 안전이 제일이니까요.

듣기연습

01 다음을 듣고 괄호 안에 알맞은 말을 적어 보세요.

시나리오

① 木村さんの 家に 何回も 電話したんですが、全然 出ないんです。	① 기무라 씨의 집에 몇 번이나 전화했지만, 전혀 받지를 않아요.
② 木村さんは お昼も ピザを 食べたのに、また ピザを 食べて いますね。	② 기무라 씨는 점심에도 피자를 먹었는데, 또 피자를 먹고 있네요.
③ 木村さんと 彼女、週末に 結婚ゆびわを 買いに 行った そうですよ。	③ 기무라 씨와 여자친구, 주말에 결혼반지를 사러 갔대요.

02 다음을 듣고 맞는 문장에는 O, 틀린 문장에는 X를 하세요.

시나리오

昨日、木村さんと 木村さんの 奥さんと 一緒に 食事を しました。	어제, 기무라 씨와 기무라 씨의 부인과 함께 식사를 했습니다.
奥さんは 人形の ように とても かわいくて、性格も よさそうでした。それから 料理も 上手な ようでした。	부인은 인형처럼 매우 예쁘고 성격도 좋은 것 같았습니다. 그리고 요리도 잘하는 듯했습니다.
私も 木村さんの 奥さんの ような 人と 結婚したいなあと 思いました。	나도 기무라 씨의 부인 같은 사람과 결혼하고 싶다고 생각했습니다.

단어 총정리 第02課 事故(じこ)でも あった ようですね

문형연습 14

- ❏ せきが 出(で)る 기침이 나다
- ❏ どうやら 아무래도
- ❏ 夕(ゆう)べ 어젯밤
- ❏ 体調(たいちょう) 몸 상태, 컨디션
- ❏ まるで 마치
- ❏ 天使(てんし) 천사
- ❏ 性格(せいかく) 성격
- ❏ すぐ 곧, 즉시
- ❏ 歯(は)を 磨(みが)く 이를 닦다
- ❏ けんかする 싸움하다
- ❏ おはし 젓가락
- ❏ 楽(らく)だ 편하다
- ❏ 平気(へいき)だ 괜찮다
- ❏ 大変(たいへん)だ 힘들다
- ❏ 最近(さいきん) 최근
- ❏ 携帯(けいたい) 휴대전화
- ❏ パソコン 컴퓨터
- ❏ 便利(べんり)だ 편리하다
- ❏ 兄弟(きょうだい) 형제
- ❏ 似(に)る 닮다

체크 포인트 15

- ❏ 暇(ひま)だ 한가하다
- ❏ 苦手(にがて)だ 잘 못하다, 서투르다
- ❏ 外(そと) 밖
- ❏ 大雨(おおあめ) 큰비
- ❏ 漫画(まんが) 만화
- ❏ 熱(ねつ)が ある 열이 있다
- ❏ 並(なら)ぶ 줄을 서다, 늘어서다
- ❏ 全然(ぜんぜん) 전혀
- ❏ ドア 문
- ❏ 閉(し)まる 닫히다
- ❏ 出(で)る (전화를)받다
- ❏ スプーン 스푼
- ❏ 昼休(ひるやす)み 점심시간
- ❏ おじさん 아저씨
- ❏ おもちゃ 장난감
- ❏ お菓子(かし) 과자
- ❏ 消(け)しゴム 지우개
- ❏ 人形(にんぎょう) 인형
- ❏ うち 우리

회화 본문 16

- ❏ 集(あつ)まる 모이다
- ❏ 事故(じこ) 사고
- ❏ ひどい 심하다
- ❏ 運転(うんてん)する 운전하다
- ❏ 大(おお)けが 크게 다침
- ❏ かわいそうだ 불쌍하다
- ❏ 交通(こうつう) 교통
- ❏ 気(き)を つける 조심하다
- ❏ 安全(あんぜん) 안전
- ❏ 一番(いちばん) 제일

듣기 연습 17

- ❏ 何回(なんかい)も 몇 번이나
- ❏ お昼(ひる) 점심(식사)
- ❏ ピザ 피자
- ❏ 結婚(けっこん)ゆびわ 결혼반지
- ❏ もうすぐ 이제 곧, 머지않아
- ❏ 奥(おく)さん 부인
- ❏ 食事(しょくじ) 식사

문형연습

01 ~なる

~(해)지다 / ~(하게) 되다 [변화]

● 상태의 변화를 나타내는「~なる」는 사람의 의지와 상관없이 어떤 상태에서 다른 상태로 변해가는 것을 나타낸답니다.

	기본형	활용방법	예문
명사	先生 선생님	기본형 + に なる	先生に なる 선생님이 되다
ナ형용사	暇だ 한가하다	기본형「~~~だ~~」+ に なる	暇に なる 한가해지다
イ형용사	おいしい 맛있다	기본형「~~~い~~」+ く なる	おいしく なる 맛있어지다
동사	書く 쓰다	기본형 + ように なる	書く ように なる 쓰게 되다

▷ 私は お金持ちに **なりたいです**。 나는 부자가 되고 싶습니다.

▷ 子供の 時は モデルに **なりたかったです**。 어릴 적에는 모델이 되고 싶었습니다.

▷ 最近 きれいに **なりました**ね。 요즘 예뻐졌네요.

▷ たくさん 食べて 眠く **なりました**。 많이 먹어서 졸려졌습니다.

▷ 昨日より 体調が よく **なりました**。 어제보다 컨디션이 좋아졌습니다.

▷ 彼氏が できてから、毎日 スカートを はく ように **なりました**。
남자친구가 생기고부터, 매일 치마를 입게 되었습니다.

▷ 日本語の 勉強を 始めてから、日本の ドラマを 見る ように **なりました**。
일본어 공부를 시작하고부터, 일본 드라마를 보게 되었습니다.

TIP

♣ [동사의 가능형] + ように なる ~할 수 있게 되다

[동사의 기본형] + ように なる는 상태의 변화인데 비해 [동사의 가능형] + ように なる는 과거에 할 수 없었던 상태가 지금은 할 수 있는 상태로 변화해서 원래의 상태가 없어졌다는 것을 나타낼 때 사용해요.

예 日本の 漢字が 読める ように なりました。 일본 한자를 읽을 수 있게 되었습니다.

02

[ナ형용사] + に ~(하)게

[イ형용사] + く ~(하)게

● ナ형용사의「~だ」가「に」로, イ형용사의「~い」가「く」로 바뀌어 부사화 된답니다.

▷ ちょっと 安(やす)く して ください。 좀 싸게 해 주세요.

▷ 図書館(としょかん)では 静(しず)かに して ください。 도서관에서는 조용히 해 주세요.

▷ 砂糖(さとう)を 入(い)れすぎて コーヒーが 甘(あま)く なりました。
설탕을 너무 많이 넣어서 커피가 달아졌습니다.

03

[동사의 기본형] + と ~(하)면 [사실 / 조건]

●「A と B」는 'A의 조건이 만족되면 반드시 B가 된다'라는 뉘앙스로 자연현상, 습관, 계산, 길안내와 같은 표현에 사용된답니다.

▷ 私(わたし)は お酒(さけ)を 飲(の)むと 顔(かお)が 赤(あか)く なります。 나는 술을 마시면 얼굴이 빨개집니다.

▷ トイレは ここを まっすぐ 行(い)くと 右(みぎ)に ありますよ。
화장실은 이곳을 쭉 가면 오른쪽에 있어요.

▷ お金(かね)を 入(い)れて この ボタンを 押(お)すと ジュースが 出(で)て きます。
돈을 넣고 이 버튼을 누르면 주스가 나옵니다.

▷ 冬(ふゆ)に なると 寒(さむ)く なります。 겨울이 되면 추워집니다.

▷ 道(みち)が 込(こ)むと 時間(じかん)が かかります。 길이 막히면 시간이 걸립니다.

회화

まっすぐ 行(い)くと 銀行(ぎんこう)が あります 19

観光客 すみません。ちょっと 聞(き)いても いいですか。

パク あ、はい。日本(にほん)の 方(かた)ですか。

観光客 ええ。今(いま)、ホテルに 行(い)く 道(みち)が 分(わ)からなくて 困(こま)って いるんです。

パク そうですか。どこの ホテルですか。

観光客 ここなんですが…。

パク ああ、2番(ばん) 出口(でぐち)を 出(で)て まっすぐ 行(い)くと 銀行(ぎんこう)が あるんですが、この ホテルは その 銀行(ぎんこう)の 後(うし)ろに ありますよ。

観光客 そうですか。ここから どのくらい かかりますか。

パク 2番(ばん) 出口(でぐち)を 出(で)て すぐですので、5分(ふん)ぐらいだと 思(おも)いますよ。

해석

관광객 : 실례합니다. 좀 물어봐도 될까요?

박유리 : 아, 네. 일본분이세요?

관광객 : 네. 지금 호텔에 가는 길을 몰라서 난처하거든요.

박유리 : 그래요? 어디 있는 호텔인가요?

관광객 : 여긴데요….

박유리 : 아, 2번 출구를 나가서 곧바로 가면 은행이 있는데, 이 호텔은 그 은행 뒤에 있어요.

관광객 : 그래요? 여기에서 어느 정도 걸리나요?

박유리 : 2번 출구를 나가서 금방이니까, 5분 정도일 거예요.

듣기연습

01 다음 대화를 듣고 「~なる」를 사용하여 문장을 완성해 보세요. 20

시나리오

① 女 木村さんは 子供の 時、何に なりたかったですか。
　男 私は 先生に なりたかったです。

② 女 木村さん、最近 かっこよく なりましたね。
　男 ええ、彼女が できた そうですよ。

③ 女 木村さん、熱でも あるんですか。顔が 赤いですよ。
　男 実は 今 ちょっと お酒を 飲んだので…。お酒を 飲むと 顔が 赤く なるんです。

① 여 : 기무라 씨는 어릴 때, 무엇이 되고 싶었나요?
　남 : 저는 선생님이 되고 싶었어요.

② 여 : 기무라 씨가 요즘 멋있어졌네요.
　남 : 네, 여자친구가 생겼대요.

③ 여 : 기무라 씨, 열이라도 있는 거예요? 얼굴이 빨개요.
　남 : 사실은 지금 술을 좀 마셔서…. 술을 마시면 얼굴이 빨개지거든요.

02 다음 대화를 듣고 각각의 상점이 어디에 있는지 기호를 적어 보세요. 21

시나리오

男 すみませんが、銀行は どこですか。

女 まっすぐ 行くと 信号が あります。その 信号を 左に 曲がって ください。銀行は その 通りの 右側に あります。

男 ありがとう ございます。あ、すみません。それから、薬屋にも 行きたいんですが。

女 薬屋ですか。薬屋は その 銀行の 向かい側に ありますよ。

남 : 실례지만, 은행은 어디 있나요?

여 : 곧장 가면 신호등이 있어요. 그 신호등을 왼쪽으로 꺾으세요. 은행은 그 길 오른쪽에 있어요.

남 : 감사합니다. 아, 죄송합니다. 그리고 약국에도 가고 싶은데요.

여 : 약국이요? 약국은 그 은행의 맞은편에 있어요.

단어 총정리

第03課 まっすぐ 行(い)くと 銀行(ぎんこう)が あります

문형연습 22

- ❑ お金持(かねも)ち 부자
- ❑ モデル 모델
- ❑ 眠(ねむ)い 졸리다
- ❑ スカートを はく 스커트를 입다
- ❑ 始(はじ)める 시작하다
- ❑ ドラマ 드라마
- ❑ 図書館(としょかん) 도서관
- ❑ 砂糖(さとう) 설탕
- ❑ 入(い)れる 넣다
- ❑ 甘(あま)い 달다
- ❑ 赤(あか)い 빨갛다
- ❑ まっすぐ 똑바로
- ❑ 右(みぎ) 오른쪽
- ❑ ボタン 버튼
- ❑ 押(お)す 누르다
- ❑ 出(で)て くる 나오다
- ❑ 道(みち)が 込(こ)む 길이 붐비다
- ❑ 時間(じかん)が かかる 시간이 걸리다

체크 포인트 23

- ❑ 大学生(だいがくせい) 대학생
- ❑ 社長(しゃちょう) 사장(님)
- ❑ 暗(くら)い 어둡다
- ❑ 運動(うんどう)する 운동하다
- ❑ 春(はる) 봄
- ❑ 暖(あたた)かい 따뜻하다
- ❑ ～号線(ごうせん) ～호선
- ❑ 乗(の)り換(か)える 갈아타다
- ❑ ～番目(ばんめ) ～번째
- ❑ 降(お)りる 내리다
- ❑ 地下鉄(ちかてつ) 지하철
- ❑ デパート 백화점
- ❑ 出口(でぐち) 출구
- ❑ 交差点(こうさてん) 교차로
- ❑ 曲(ま)がる 돌다
- ❑ 本屋(ほんや) 서점, 책방

회화 본문 24

- ❑ 観光客(かんこうきゃく) 관광객
- ❑ 方(かた) 분('사람'의 높임말)
- ❑ ホテル 호텔
- ❑ 道(みち) 길
- ❑ 困(こま)る 곤란하다
- ❑ 銀行(ぎんこう) 은행
- ❑ 後(うし)ろ 뒤
- ❑ どのくらい 얼마나, 어느 정도
- ❑ すぐ 바로, 금방

듣기 연습 25

- ❑ 熱(ねつ) 열
- ❑ 実(じつ)は 실은
- ❑ 信号(しんごう) 신호
- ❑ 左(ひだり) 왼쪽
- ❑ 薬屋(くすりや) 약국
- ❑ 向(む)かい側(がわ) 맞은편

문형연습

01 ~ければ / ~なら(ば) / ~ば　~(하)면 [가정 표현]

「~ば」는 '~하면, ~라면'이라는 의미로 가정과 조건을 나타내는 말이에요. 「A ば B」는 'A 조건이 만족되면 B라는 결과가 되지만 A 조건이 만족되지 않으면 B라는 결과는 되지 않는다'는 의미를 나타낸답니다.

		기본형	활용방법	예문
명사		雨(あめ) 비	기본형 + なら(ば)	雨(あめ)なら(ば) 비라면
ナ형용사		暇(ひま)だ 한가하다	기본형「~~~だ~~」+ なら(ば)	暇(ひま)なら(ば) 한가하면
イ형용사		おいしい 맛있다	기본형「~~~い~~」+ ければ	おいしければ 맛있으면
동사	1그룹	行(い)く 가다	끝음인 [u]단음을 [e]단으로 바꾼 후 「ば」를 붙인다	行(い)けば 가면
	2그룹	食(た)べる 먹다	끝음인「る」를 떼고「れば」를 붙인다	食(た)べれば 먹으면
	3그룹	する 하다 → すれば 하면 / 来(く)る 오다 → 来(く)れば 오면		
예외		ない 없다 → なければ 없으면		
		いい 좋다 → よければ 좋으면		

▷ 毎日(まいにち) 練習(れんしゅう)すれば 日本語(にほんご)が 上手(じょうず)に なります。 매일 연습하면 일본어가 능숙해 집니다.

▷ イタリアに 行(い)けば おいしい パスタが 食(た)べられます。
이탈리아에 가면 맛있는 파스타를 먹을 수 있습니다.

▷ 嫌(いや)なら 断(ことわ)っても いいですよ。 싫으면 거절해도 돼요.

▷ 暇(ひま)なら 家(うち)に 遊(あそ)びに 来(き)ませんか。 한가하면 집에 놀러오지 않을래요?

▷ 忙(いそが)しく なければ 一緒(いっしょ)に 食事(しょくじ)しましょう。 바쁘지 않으면 함께 식사합시다.

▷ 車(くるま)が あれば いろんな ところに 行(い)けます。 차가 있으면 여러 곳에 갈 수 있습니다.

02

～ば よかった / ～ば よかったのに ～(할)걸 그랬다 / ～(했었으)면 좋았을 텐데

- もっと 勉強(べんきょう)すれば よかった。 더 공부할 걸 그랬어.
- 彼女(かのじょ)と 別(わか)れなければ よかった。 여자친구와 헤어지지 말 걸 그랬어.
- 電話(でんわ)すれば よかったのに…。 전화했으면 좋았을 텐데….
- 昨日(きのう) 飲(の)みすぎなければ よかったのに…。 어제 과음하지 말 걸 그랬어….

회화

電子ランドに 行けば 安く 買えます 27

田中　冷蔵庫が 壊れて しまって 新しいのを 買おうと 思って いるんですが、どこが 安いですか。

パク　それなら 電子ランドに 行けば 安く 買えますよ。電気製品の 安売り店ですから。

田中　そうなんですか。実は 先週、デパートで テレビを 買って しまったんです。

パク　あら、テレビも 電子ランドで 買えば よかったのに…。

田中　ええ。テレビを 買う 前に ゆりさんに 聞けば よかったですね。

パク　これからは 何か 買う 時は 私に 聞いて ください。私、買い物には 自信が ありますから。

해석

다나카 : 냉장고가 고장 나버려서 새것을 사려고 하는데,
어디가 싼가요?

박유리 : 그럼 전자랜드에 가면 싸게 살 수 있어요.
전자제품 할인점이니까요.

다나카 : 그래요? 실은 지난주에 백화점에서 텔레비전을
사버렸거든요.

박유리 : 어머, 텔레비전도 전자랜드에서 사면 좋았을텐데….

다나카 : 네. 텔레비전을 사기 전에 유리 씨에게 물어볼 걸
그랬네요.

박유리 : 이제부터는 뭔가 살 때는 저에게 물어보세요.
저 쇼핑에는 자신 있거든요.

듣기연습

01 다음을 듣고 괄호 안에 일치하는 번호를 써 넣으세요. 28

시나리오

① 一生懸命 運動を すれば、やせます。	① 열심히 운동을 하면 살이 빠집니다.
② インターネットで 買えば、安く 買えます。	② 인터넷에서 사면 싸게 살 수 있습니다.
③ 天気が よければ、出かけます。	③ 날씨가 좋으면 외출합니다.
④ 簡単な 漢字ならば、読めます。	④ 간단한 한자라면 읽을 수 있습니다.

02 다음 대화를 듣고 문장을 완성해 보세요. 29

시나리오

田中 キムさんは ピアノが 上手ですね。	다나카 : 김 씨는 피아노를 잘 치네요.
キム ありがとう ございます。でも、練習すれば、誰でも ひく ことが できますよ。	김 : 감사합니다. 하지만 연습하면 누구든지 칠 수 있어요.
田中 そうですか。どのくらい 練習すれば、キムさんの ように 上手に なれますか。	다나카 : 그래요? 어느 정도 연습하면 김 씨처럼 잘 할 수 있게 되나요?
キム そうですね。毎日 1時間ぐらい 練習すれば 上手に なると 思いますよ。	김 : 글쎄요. 매일 1시간 정도 연습하면 능숙해질 거라고 생각해요.
田中 毎日 1時間ですか。それは 大変ですね。	다나카 : 매일 1시간이요? 그건 정말 힘들겠네요.

단어 총정리

문형연습 30

- ❑ 練習(れんしゅう)する 연습하다
- ❑ イタリア 이탈리아
- ❑ パスタ 파스타
- ❑ 嫌(いや)だ 싫다
- ❑ 断(ことわ)る 거절하다
- ❑ 一緒(いっしょ)に 함께
- ❑ 食事(しょくじ)する 식사하다
- ❑ いろんな 여러 가지
- ❑ 彼女(かのじょ) 그녀, 여자친구
- ❑ 別(わか)れる 헤어지다
- ❑ 飲(の)みすぎる 과음하다

체크 포인트 31

- ❑ 薬(くすり)を 飲(の)む 약을 먹다
- ❑ 急(いそ)ぐ 서두르다
- ❑ 間(ま)に合(あ)う 시간에 대다, 시간에 맞추다
- ❑ 起(お)きる 일어나다
- ❑ 簡単(かんたん)だ 간단하다
- ❑ ヨガ 요가
- ❑ ゆっくり 느긋하게, 천천히
- ❑ トンデムン 동대문
- ❑ 太(ふと)る 살찌다
- ❑ やせる 살이 빠지다
- ❑ 疲(つか)れる 피곤하다
- ❑ きっと 반드시, 꼭
- ❑ かわいい 귀엽다, 예쁘다
- ❑ 落(お)ちる 떨어지다
- ❑ もっと 좀더
- ❑ 遅刻(ちこく)する 지각하다
- ❑ インターネット 인터넷
- ❑ けがを する 다치다
- ❑ 気(き)を つける 조심하다

회화 본문 32

- ❑ 冷蔵庫(れいぞうこ) 냉장고
- ❑ 壊(こわ)れる 망가지다, 고장나다
- ❑ それなら 그렇다면, 그러면
- ❑ 電子(でんし)ランド 전자랜드
- ❑ 安(やす)く 싸게
- ❑ 電気製品(でんきせいひん) 전자제품
- ❑ 安売(やすう)り店(てん) 할인점
- ❑ 実(じつ)は 실은
- ❑ 先週(せんしゅう) 지난주
- ❑ 聞(き)く 묻다
- ❑ 自信(じしん)が ある 자신이 있다

듣기 연습 33

- ❑ 天気(てんき) 날씨
- ❑ 簡単(かんたん)だ 간단하다
- ❑ 漢字(かんじ) 한자
- ❑ ピアノを ひく 피아노를 치다
- ❑ 大変(たいへん)だ 힘들다

문형연습

01 ~に する

~로 하다 (결정의 의미)

▷ A 林さんは 何に しますか。 하야시 씨는 뭘로 할래요?

B ラーメンに します。 라면으로 할게요.

▷ 今日は パンに します。 오늘은 빵으로 하겠습니다.

02 [동사의 기본형] + ことに する / [동사의 ない형] + ない ことに する

[동사의 기본형] + ことに する　~(하)기로 하다

[동사의 ない형] + ない ことに する　~(하)지 않기로 하다

● 어떤 일을 자신의 의지로 결정했을 때 사용하는 표현이랍니다.

▷ 道が 込んで いますから、地下鉄で 行く ことに します。
길이 막히니까, 지하철로 가기로 하겠습니다.

▷ 日本へ 留学するので 会社を 辞める ことに しました。
일본에 유학가므로 회사를 그만두기로 했습니다.

▷ ダイエット中なので 夜 遅く 食べない ことに して います。
다이어트 중이라서 밤 늦게 먹지 않기로 하고 있습니다.

第05課 甘い物は 食べない ことに して いるんです

03

[동사의 기본형] + ことに なる ~(하)게 되다

[동사의 ない형] + ない ことに なる ~(하)지 않게 되다

● 어떤 일을 결정함에 있어서 자신의 의지보다는 주변 여건이나 외부 결정에 의해 일이 결정될 때 사용한답니다.

▷ 大阪に 出張する **ことに なりました。** 오사카로 출장가게 되었습니다.

▷ うちの 会社は 毎朝 ミーティングを する **ことに なって います。**
우리 회사는 매일 아침 회의를 하게 되어 있습니다.

▷ すみません。こちらでは タバコは 吸え**ない ことに なって いるんです。**
죄송합니다. 여기에서는 담배는 피우지 못하게 되어있습니다.

▷ この アパートは ペットが 飼え**ない ことに なって います。**
이 아파트는 애완동물을 기르지 못하게 되어있습니다.

04

[동사의 기본형] + ように する ~(하)도록 하다

[동사의 ない형] + ない ように する ~(하)지 않도록 하다

● 어떤 일을 습관적, 계속적으로 노력하여 행하도록 또는 하지 않도록 하는 것을 나타낸답니다.

▷ ご飯を 食べたら すぐ 歯を 磨く **ように して います。**
밥을 먹으면 곧바로 이를 닦도록 하고 있습니다.

▷ 野菜を たくさん 食べる **ように して います。** 채소를 많이 먹도록 하고 있습니다.

▷ 風邪を ひか**ない ように しましょう。** 감기에 걸리지 않도록 합시다.

▷ 健康の ために タバコを 吸わ**ない ように します。**
건강을 위해 담배를 피우지 않도록 하겠습니다.

회화

甘(あま)い物(もの)は 食(た)べない ことに して いるんです　35

店員　いらっしゃいませ。何名様(なんめいさま)ですか。

パク　二人(ふたり)です。

店員　こちらへ どうぞ。

田中　ゆりさん、何(なに)に しますか。

パク　私(わたし)は コーヒーに します。

田中　コーヒーだけ？ ケーキは いいんですか。

パク　ええ、私(わたし)、今(いま) ダイエット中(ちゅう)なので 甘(あま)い物(もの)は 食(た)べない ことに して いるんです。

田中　それじゃ、私(わたし)も コーヒーに します。すみません。コーヒー 二(ふた)つと 灰皿(はいざら) ください。

店員　すみません。店内(てんない)では、タバコは 吸(す)えない ことに なって いるんですが…。

田中　そうですか。じゃ、灰皿(はいざら)は いいです。

해석

점　원 : 어서오세요. 몇 분이세요?

박유리 : 두 명이요.

점　원 : 이쪽으로 오세요.

다나카 : 유리 씨, 뭘로 할래요?

박유리 : 전 커피로 할게요.

다나카 : 커피만요? 케이크는 괜찮아요?

박유리 : 네, 저 지금 다이어트 중이라서 단것은 먹지 않기로 하고 있거든요.

다나카 : 그럼, 저도 커피로 할게요.
여기요. 커피 두 개랑 재떨이 주세요.

점　원 : 죄송합니다. 점내에서는 담배는 피우지 못하게 되어있습니다만….

다나카 : 그래요? 그럼 재떨이는 됐습니다.

듣기연습

01 다음을 듣고 문장을 완성해 보세요. 36

시나리오

① 明日(あした) 雨(あめ)が 降(ふ)る そうです。だから、友達(ともだち)の 家(いえ)に 行(い)かない つもりです。	① 내일 비가 온다고 합니다. 그래서 친구 집에 가지 않을 생각입니다.
② 宿題(しゅくだい)も 全部(ぜんぶ) 終(お)わったし、ちょっと 暇(ひま)なので、週末(しゅうまつ)は 友達(ともだち)に 会(あ)う つもりです。	② 숙제도 전부 끝났고, 조금 한가해서 주말은 친구를 만날 작정입니다.
③ 学生(がくせい)が 多(おお)く なったので 来週(らいしゅう)からは もっと 広(ひろ)い 教室(きょうしつ)で 勉強(べんきょう)します。	③ 학생이 많아져서, 다음 주부터는 좀 더 넓은 교실에서 공부하겠습니다.
④ 社長(しゃちょう)が 入院(にゅういん)した そうです。だから、一週間(いっしゅうかん) 会社(かいしゃ)を 休(やす)みます。	④ 사장님이 입원했다고 합니다. 그래서 1주일 동안 회사를 쉽니다.

02 세 명의 사람이 각각 무엇을 선택했는지 그림에서 찾아 기호를 써 보세요. 37

시나리오

イ　ここは 甘(あま)い物(もの)が おいしいそうですよ。木村(きむら)さんは 何(なに)に しますか。	이 : 여기는 단 음식이 맛있대요. 기무라 씨는 뭘로 할래요?
木村(きむら)　私(わたし)は 甘(あま)い物(もの)は あまり 好(す)きじゃないし、今(いま)、お腹(なか)も すいて いないので、コーヒーに します。田中(たなか)さんは 何(なに)に しますか。	기무라 : 저는 단것은 별로 좋아하지 않고, 지금 배도 고프지 않으니까 커피로 할게요. 다나카 씨는 뭘로 할 거예요?
田中(たなか)　私(わたし)、この 頃(ごろ) コーヒーの 飲(の)みすぎなので…。ジュースに します。イさんは どうしますか。	다나카 : 전 요즘 커피를 너무 많이 마셔서…. 주스로 할게요. 이 씨는 어떻게 할 거예요?
イ　そうですね。じゃ、私(わたし)は ケーキに します。	이 : 글쎄요. 그럼 저는 케이크로 할게요.

단어 총정리

문형연습 38

- ☐ 道 길
- ☐ 込む 붐비다
- ☐ 地下鉄 지하철
- ☐ 留学する 유학하다
- ☐ 辞める (회사를)그만두다
- ☐ ダイエット 다이어트
- ☐ 遅く 늦게
- ☐ 出張する 출장가다
- ☐ 毎朝 매일 아침
- ☐ ミーティング 회의
- ☐ タバコ 담배
- ☐ 吸う (담배를)피우다
- ☐ アパート 아파트
- ☐ ペット 애완동물
- ☐ 飼う 기르다
- ☐ すぐ 곧, 바로
- ☐ 歯を 磨く 이를 닦다
- ☐ 野菜 채소
- ☐ 風邪を ひく 감기에 걸리다
- ☐ 健康 건강

체크 포인트 39

- ☐ 豚カツ定食 돈카쓰 정식
- ☐ 中国語 중국어
- ☐ 習う 배우다
- ☐ 引っ越しする 이사하다
- ☐ 眠れる 잠들다
- ☐ 給料 급여
- ☐ 残業 야근
- ☐ 住む 살다
- ☐ 交通の 便が 悪い 교통편이 나쁘다
- ☐ 今晩 오늘밤
- ☐ 一杯 한 잔
- ☐ 今月 이번 달
- ☐ 太る 살찌다
- ☐ 一週間 일주일
- ☐ 薬を 飲む 약을 먹다
- ☐ ストレスを ためる 스트레스를 쌓아두다
- ☐ 以上 이상
- ☐ シャワーを 浴びる 샤워를 하다

회화 본문 40

- ☐ いらっしゃいませ 어서 오세요
- ☐ 何名様 몇 분
- ☐ ～だけ ～만, ～뿐
- ☐ 甘い物 단것
- ☐ 灰皿 재떨이
- ☐ 店内 점내
- ☐ いいです 괜찮습니다

듣기 연습 41

- ☐ 宿題 숙제
- ☐ 全部 전부
- ☐ 終わる 끝나다
- ☐ もっと 더, 더욱
- ☐ 広い 넓다
- ☐ 教室 교실
- ☐ 入院 입원
- ☐ 飲みすぎ 너무 많이 마심

문형연습

01 동사의 수동형

- 수동 표현은 행동을 한 사람이 아닌 영향을 받은 사람의 입장을 나타내는 표현입니다. '개에게 물렸다'와 같이 자기의 의지와 상관없는 일로 어떠한 일을 당해 화가 나거나 당황해 하거나, 상처 받는 등 정신적 · 물리적인 피해를 받은 감정을 나타내는 표현이랍니다.

		기본형	수동형
1그룹 동사	끝음인 [u]단음을 [a]단으로 바꾼 후 「れる」를 붙인다	かむ (개가)물다 怒る 화내다 言う 말하다 呼ぶ 부르다 泣く 울다 さす (모기가)물다	かまれる (개에게)물리다 怒られる 혼나다 言われる 말을 듣다 呼ばれる 불리다 泣かれる (타인이)울어서 곤란하다 さされる (모기에게)물리다
2그룹 동사	끝음인「る」를 떼고 「られる」를 붙인다	ほめる 칭찬하다 いじめる 괴롭히다	ほめられる 칭찬받다 いじめられる 괴롭힘을 당하다
3그룹 동사		する 하다 → される 당하다 来る 오다 → 来られる 와서 곤란하다	

第06課 カードは 使(つか)われなかったんです

▷ 犬(いぬ)に 手(て)を **かまれた** ことが あります。개에게 손을 물린 적이 있습니다.

▷ 子供(こども)の 時(とき)、父(ちち)に よく **叱(しか)られました**。어릴 때, 아빠에게 자주 혼났습니다.

▷ 今朝(けさ) 女(おんな)の人(ひと)に 足(あし)を **踏(ふ)まれました**。오늘 아침 여자에게 발을 밟혔어요.

▷ 彼女(かのじょ)に **ふられて** 毎日(まいにち) お酒(さけ)ばかり 飲(の)んで いる そうです。
여자친구에게 차여서 매일 술만 마시고 있대요.

▷ 昨日(きのう) 雨(あめ)に **降(ふ)られて** 風邪(かぜ)を ひいて しまいました。
어제 비를 맞아서 감기에 걸리고 말았어요.

▷ 友達(ともだち)に **来(こ)られて** 勉強(べんきょう)できませんでした。친구가 찾아와서 공부를 못 했어요.

▷ 母(はは)に 日記(にっき)を **読(よ)まれました**。엄마가 일기를 읽었습니다.

▷ 毎晩(まいばん) 赤(あか)ちゃんに **泣(な)かれて** 寝(ね)られません。매일 밤 아기가 울어서 잠을 못 잡니다.

회화

カードは 使(つか)われなかったんです

パク 田中(たなか)さん ちょっと 聞(き)いて くださいよ。
私(わたし)、昨日(きのう) 最悪(さいあく)だったんです。

田中 何(なに)か あったんですか。

パク 電車(でんしゃ)では 財布(さいふ)を 盗(ぬす)まれて、会社(かいしゃ)では 部長(ぶちょう)に 怒(おこ)られたんです。

田中 そうだったんですか。それで、財布(さいふ)は 戻(もど)って きたんですか。

パク ええ。お金(かね)は ありませんでしたが、カードと 財布(さいふ)は 戻(もど)って きました。

田中 カードは 使(つか)われなかったんですか。

パク ええ、使(つか)われなかったんです。

田中 それは よかったですね。

해석

박유리 : 다나카 씨 좀 들어봐요. 저 어제 최악이었다니까요.

다나카 : 무슨 일 있었어요?

박유리 : 전철에서는 지갑을 도둑맞고, 회사에서는 부장님한테 혼났어요.

다나카 : 그랬어요? 그래서, 지갑은 돌아왔나요?

박유리 : 네. 돈은 없었지만, 카드랑 지갑은 돌아왔어요.

다나카 : 카드는 사용되지 않았어요?

박유리 : 네, 사용되지 않았어요.

다나카 : 그건 다행이네요.

듣기연습

01 다음을 듣고 일치하는 그림을 골라 보세요. 44

시나리오

① 妹は 兄に 宿題を 捨てられました。	① 오빠는 여동생의 숙제를 버렸습니다.
② ゆりさんは 泥棒に 財布を 盗まれました。	② 도둑은 유리 씨의 지갑을 훔쳤습니다.
③ 学生は 先生に 呼ばれました。	③ 학생은 선생님에게 불려갔습니다.
④ 夫は 妻に 怒られました。	④ 남편은 아내에게 혼났습니다.

02 다음 대화를 듣고 회화의 내용과 맞는 것에는 O, 틀린 것에는 X를 하세요. 45

시나리오

キム 田中さん、元気が ありませんね。どうしたんですか。	김 : 다나카 씨, 기운이 없네요. 왜 그래요?
田中 母に しかられたんです。	다나카 : 어머니한테 혼이 났거든요.
キム え？ 何か あったんですか。	김 : 네? 무슨 일 있었어요?
田中 妹に 日記を 読まれて けんかを したんです。	다나카 : 여동생이 제 일기를 읽어서 싸움을 했어요.
キム そうですか。それは 本当に 嫌ですね。	김 : 그래요? 그건 정말 싫은 일이에요.

단어 총정리

문형연습 46

- ❑ 手(て) 손
- ❑ かむ 물다
- ❑ 叱(しか)る 혼내다
- ❑ 今朝(けさ) 오늘 아침
- ❑ 足(あし) 발
- ❑ 踏(ふ)む 밟다
- ❑ ふる 차다
- ❑ ～ばかり ～만, ～뿐
- ❑ 日記(にっき) 일기
- ❑ 赤(あか)ちゃん 아기
- ❑ 泣(な)く 울다

체크 포인트 47

- ❑ 怒(おこ)る 화내다
- ❑ 財布(さいふ) 지갑
- ❑ 盗(ぬす)む 훔치다
- ❑ お尻(しり) 엉덩이
- ❑ 触(さわ)る 만지다
- ❑ 笑(わら)う 웃다
- ❑ 泥棒(どろぼう) 도둑
- ❑ 入(はい)る 들어가(오)다
- ❑ 警察(けいさつ) 경찰
- ❑ 病院(びょういん) 병원
- ❑ ルームメイト 룸메이트
- ❑ 汚(よご)す 더럽히다
- ❑ 呼(よ)ぶ 부르다
- ❑ プロポーズする 프로포즈하다
- ❑ 蚊(か)が さす 모기가 물다
- ❑ ぬる 바르다

회화 본문 48

- ❑ 最悪(さいあく) 최악
- ❑ 盗(ぬす)まれる 도난당하다
- ❑ 怒(おこ)られる 혼나다
- ❑ 戻(もど)る 되돌아가(오)다
- ❑ 使(つか)われる 사용되어지다

듣기 연습 49

- ❑ 捨(す)てる 버리다
- ❑ 呼(よ)ぶ 부르다
- ❑ 夫(おっと) 남편
- ❑ 妻(つま) 아내
- ❑ けんかを する 싸움을 하다
- ❑ 嫌(いや)だ 싫다

문형연습

01 동사의 수동형 (사물)

- 수동형에는 사물이 주어인 경우도 있답니다. 역사적인 사실이나 사건 등 뉴스 · 신문에서 많이 접할 수 있어요.

▷ この 建物(たてもの)は 200年前(ねんまえ)に **建(た)てられました。** 이 건물은 200년 전에 지어졌습니다.

▷ 今回(こんかい)の 国際会議(こくさいかいぎ)は プサンで **開(ひら)かれました。** 이번 국제회의는 부산에서 열렸습니다.

▷ 先月(せんげつ) 新(あたら)しい 遺跡(いせき)が **発見(はっけん)されました。** 지난달 새로운 유적이 발견되었습니다.

02 동사의 사역 수동형

- 사역 수동형이란 어떤 일을 자신의 의지와는 상관없이 하게 되었다거나, 곤란한 일을 하도록 지시를 받아서 해야만 했을 때 쓰는 표현이랍니다.

		기본형	수동형
1그룹	끝음인 [u]단음을 [a]단으로 바꾼 후「される」를 붙인다	買う 사다 待つ 기다리다 撮る 찍다 飲む 마시다 呼ぶ 부르다 書く 쓰다 泳ぐ 헤엄치다	買わされる (억지로)사다 待たされる (억지로)기다리다 撮らされる (억지로)찍다 飲まされる (억지로)마시다 呼ばされる (억지로)부르다 書かされる (억지로)쓰다 泳がされる (억지로)헤엄치다
	끝음인 [u]단음을 [a]단으로 바꾼 후「せられる」를 붙인다	話す 이야기하다	話させられる (억지로)이야기하다
2그룹	끝음인「る」를 떼고「させられる」를 붙인다	食べる 먹다	食べさせられる (억지로)먹다
3그룹		する 하다 → させられる (억지로)하다 来る 오다 → 来させられる (억지로)오다	

TIP

♣ 1그룹 동사는 주로 끝음인 [u]단음을 [a]단으로 바꾼 후「される」를 붙이지만 끝음인 [u]단음을 [a]단으로 바꾼 후「せられる」를 붙여서 표현하기도 합니다.

예 行く 가다 → 行かされる / 行かせられる 어쩔 수 없이 가다

▷ 上司に 毎朝 コーヒーを **入れさせられます**。 상사가 매일 아침 커피를 끓이게 해요.

▷ 子供の 時、母に 野菜を **食べさせられました**。
어릴 때, 엄마가 억지로 채소를 먹게 했습니다.

▷ 料理を 習いに 来たのに お皿ばかり **洗わされます**。
요리를 배우러 왔는데 접시만 닦게 합니다.

▷ 友達に 引っ越しの 準備を **手伝わされました**。 친구 이사 준비를 억지로 도왔습니다.

▷ 学校で 毎日 英語で 日記を **書かされて** 大変です。
학교에서 매일 영어로 일기를 쓰게 해서 힘들어요.

회화

1時間も 待たされたんです 51

安田 駅前に 新しい ビルが 建てられた そうですよ。

パク ええ、とても 素敵な ビルだ そうですね。
あ、そうだ。その ビルの 中に 歯医者さんは ありますか。

キム ええ、ありますが、どうしてですか？

パク 実は 私、昨日から 歯が 痛くて…。

キム そうですか。でも あそこは やめた ほうが いいですよ。先生が あまり 親切じゃないし、私、予約して 行ったのに 1時間も 待たされたんです。

パク ええ、そうなんですか。

安田 それなら 2番 出口を 出て 100メートル ぐらい 行くと 「マリン」と いう 歯医者が ありますから そこに 行って みたら どうですか。

パク ええ、そうします。ありがとう。

해석

야스다 : 역 앞에 새 빌딩이 지어졌다고 하네요.

박유리 : 네, 굉장히 멋진 빌딩이라던데요. 아, 맞다.
그 빌딩 안에 치과는 있나요?

김미나 : 네, 있는데, 왜요?

박유리 : 실은 저 어제부터 이가 아파서….

김미나 : 그래요? 하지만 거기는 그만두는 게 좋아요.
선생님이 별로 친절하지 않고, 저 예약해서 갔는데도 1시간이나 기다렸다니까요.

박유리 : 어머, 그래요?

야스다 : 그렇다면 2번 출구를 나와서 100미터 정도 가면
'마린'이라는 치과가 있는데,
거기에 가보면 어때요?

박유리 : 네, 그렇게 할게요. 고마워요.

듣기연습

01 다음을 듣고 일치하는 그림을 골라 보세요.

52

시나리오

① キムさんは カラオケで 田中さんに 歌わされました。	① 다나카 씨는 노래방에서 김 씨에게 억지로 노래하게 했습니다.
② キムさんは 田中さんに 1時間も 待たされました。	② 다나카 씨는 김 씨를 1시간이나 기다리게 했습니다.
③ 田中さんは キムさんに ビールを 飲まされました。	③ 김 씨는 다나카 씨에게 맥주를 억지로 마시게 했습니다.
④ 田中さんは キムさんに キムさんの 家まで 来させられました。	④ 김 씨는 다나카 씨를 김 씨의 집까지 억지로 오게 했습니다.

02 다음 대화를 듣고 맞는 문장에는 O, 틀린 문장에는 X를 하세요.

53

시나리오

男 これは いつ 見ても すごいですね。	남 : 이건 언제 봐도 굉장하네요.
女 何の 絵ですか。	여 : 무슨 그림인가요?
男 ミケランジェロの「最後の 審判」です。これは ミケランジェロに よって 描かれたもので、1541年に 完成されたと 言われて いる…。	남 : 미켈란젤로의 '최후의 심판'이에요. 이것은 미켈란젤로에 의해 그려진 것으로, 1541년에 완성되었다고 전해진다….
女 描くのに 7年間も かかったんですね。	여 : 그리는데 7년이나 걸렸군요.
男 これは 本当に 感動しますよ。	남 : 이건 정말 감동적이에요.

단어 총정리

문형연습 54

- ❑ 建物 건물
- ❑ 建てる 세우다
- ❑ 今回 이번
- ❑ 国際会議 국제회의
- ❑ 開く 열리다
- ❑ 遺跡 유적
- ❑ 発見 발견
- ❑ 上司 상사
- ❑ コーヒーを 入れる 커피를 끓이다
- ❑ お皿 접시
- ❑ 準備 준비
- ❑ 手伝う 돕다

체크 포인트 55

- ❑ ワールドカップ 월드컵
- ❑ 絵を 描く 그림을 그리다
- ❑ 世界中 전 세계
- ❑ 寺 절
- ❑ いろいろな 여러 가지
- ❑ ドラマ 드라마
- ❑ 遠く 멀리
- ❑ 片付ける 정리하다
- ❑ 先輩 선배
- ❑ 部室 부실
- ❑ 見合い 맞선
- ❑ 妹 여동생

회화 본문 56

- ❑ 建てられる 세워지다
- ❑ 素敵だ 멋지다
- ❑ 歯医者 치과의사
- ❑ 歯 이
- ❑ 痛い 아프다
- ❑ 予約する 예약하다
- ❑ 待たされる 어쩔 수 없이 기다리다
- ❑ 出口 출구

듣기 연습 57

- ❑ すごい 대단하다
- ❑ ミケランジェロ 미켈란젤로
- ❑ 最後の 審判 최후의 심판
- ❑ ～に よって ～에 의해
- ❑ 完成する 완성하다
- ❑ 本当に 정말로
- ❑ 感動する 감동하다

문형연습

01 동사의 사역형

- 사역형은 '~에게 ~을 시키다 / ~하게 하다'라고 해석하며 상대방에게 어떤 지시를 내리거나 명령하여 그렇게 하도록 하는 것을 말합니다. 사역형에는 강제와 허용, 감정 유발의 사역형이 있답니다.

		기본형	수동형
1그룹	끝음인 [u]단음을 [a]단으로 바꾼 후「せる」를 붙인다	笑(わら)う 웃다 持(も)つ 들다 帰(かえ)る 돌아가(오)다 読(よ)む 읽다 遊(あそ)ぶ 놀다 行(い)く 가다 泳(およ)ぐ 헤엄치다 話(はな)す 이야기하다	笑(わら)わせる 웃게 하다 持(も)たせる 들게 하다 帰(かえ)らせる 돌아가(오)게 하다 読(よ)ませる 읽게 하다 遊(あそ)ばせる 놀게 하다 行(い)かせる 가게 하다 泳(およ)がせる 헤엄치게 하다 話(はな)させる 이야기하게 하다
2그룹	끝음인「る」를 떼고「させる」를 붙인다	食(た)べる 먹다	食(た)べさせる 먹게 하다
3그룹		する 하다 → させる 하게 하다 来(く)る 오다 → 来(こ)させる 오게 하다	

▷ うちの 会社(かいしゃ)は 社員(しゃいん)に 外国語(がいこくご)を **習(なら)わせます**。
우리 회사는 사원에게 외국어를 배우게 합니다.

▷ 先生(せんせい)は 学生(がくせい)に 本(ほん)を **読(よ)ませました**。 선생님은 학생에게 책을 읽게 했습니다.

▷ 最近(さいきん)の 親(おや)は 子供(こども)を 小(ちい)さい 時(とき)から 塾(じゅく)に **通(かよ)わせて** いる そうです。
요즘 부모들은 아이를 어릴 때부터 학원에 다니게 한다고 합니다.

▷ トイレに 行(い)きたいと 言(い)ったので トイレに **行(い)かせました**。
화장실에 가고 싶다고 해서 화장실에 보냈습니다.

▷ プレゼントを 用意(ようい)して 彼女(かのじょ)を **喜(よろこ)ばせました**。
선물을 준비해서 여자친구를 기쁘게 했습니다.

02 [동사의 사역형] + て いただけませんか　　~해도 되겠습니까?

- 明日 一日 休ませて **いただけませんか**。 내일 하루 쉬어도 되겠습니까?
- 担当者に 会わせて **いただけませんか**。 담당자를 만나게 해주시겠습니까?
- メールを 送りたいんですが、ここの パソコンを 使わせて **いただけませんか**。
  메일을 보내고 싶습니다만, 이 컴퓨터를 사용해도 되겠습니까?
- 気分が 悪いので、今日は 早く 家に 帰らせて **いただけませんか**。
  속이 좋지 않으니, 오늘은 빨리 집에 돌아가도 되겠습니까?

회화

私(わたし)に　させて　いただけませんか　59

田中　来週(らいしゅう)から　インターンとして　働(はたら)く　ことに　なったんです。

パク　それは　よかったですね。おめでとう　ございます。

田中　ありがとう　ございます。社会人先輩(しゃかいじんせんぱい)の　ゆりさんに　色々(いろいろ)　聞(き)きたい　ことが　あるんですが…。

パク　はい、何(なん)でも　聞(き)いて　ください。

田中　ゆりさんの　会社(かいしゃ)では　インターンに　どんな　ことを　させて　いますか。

パク　そうですね。コピーを　取(と)らせたり、忙(いそが)しい　時(とき)には　仕事(しごと)を　手伝(てつだ)わせたり　します。

田中　そうですか。

パク　でも、インターンとして　一番(いちばん)　大事(だいじ)なのは　言葉遣(ことばづか)いですよ。

田中　言葉遣(ことばづか)いですか。例(たと)えば　どんな　ことですか。

パク　何(なに)か　したい　ことが　あったら「私(わたし)が　したいです」と　言(い)わないで、「私(わたし)に　させて　いただけませんか」と　言(い)うんです。

해석

다나카 : 다음 주부터 인턴으로 일하게 됐어요.

박유리 : 그거 잘 됐네요. 축하해요.

다나카 : 감사합니다. 사회인 선배인 유리 씨에게 여러 가지 묻고 싶은 게 있는데요….

박유리 : 네, 뭐든지 물어보세요.

다나카 : 유리 씨의 회사에서는 인턴에게 어떤 일을 시키나요?

박유리 : 글쎄요. 복사를 하게 하거나, 바쁠 때는 일을 돕게 하거나 해요.

다나카 : 그래요?

박유리 : 하지만, 인턴으로서 제일 중요한 것은 말투에요.

다나카 : 말투요? 예를 들면 어떤 건가요?

박유리 : 뭔가 하고 싶은 것이 있으면, '제가 하고 싶습니다'라고 말하지 말고, '제게 시켜 주시겠습니까?'라고 말해요.

듣기연습

01 다음 그림을 보고 내용에 이어질 말을 완성해 보세요. 60

시나리오

例) 部長、明日 うちの 子供の 入学式が あるんですが、一日 ______。

① 今日は 私に ______。

② すみませんが、ちょっと 写真を ______。

③ すみません、急いで いるので、先に ______。

예) 부장님, 내일 저희 아이의 입학식이 있는데, 하루 ______.

① 오늘은 저에게 ______.

② 실례합니다만, 사진을 좀 ______.

③ 죄송합니다, 바빠서 그러는데, 먼저 ______.

02 다음 내용을 듣고 엄마가 시키는 것에 해당하는 그림에는 O, 아닌 것에는 X를 하세요. 61

시나리오

私の 母は 本当に 忙しいです。毎朝、私たちに 朝ご飯を 食べさせてから、きれいな 服を 着させて、学校へ 行かせます。

私たちが 学校から 帰って きたら、部屋の 掃除を させたり、明日の 学校の 準備を させたり、部屋で 大きい 声で 本を 読ませたり します。

우리 엄마는 정말 바쁩니다. 매일 아침 우리에게 아침밥을 먹이고나서, 깨끗한 옷을 입히고 학교에 보냅니다.

우리가 학교에서 돌아오면 방 청소를 시키거나, 내일 학교 갈 준비를 시키거나, 방에서 큰 소리로 책을 읽게 하거나 합니다.

단어 총정리

문형연습 62

- うち 우리
- 社員(しゃいん) 사원
- 外国語(がいこくご) 외국어
- 親(おや) 부모
- 塾(じゅく) 학원
- 通う(かよう) 다니다, 통학하다
- トイレ 화장실
- 用意する(ようい) 준비하다
- 喜ぶ(よろこぶ) 기뻐하다
- 一日(いちにち) 하루
- 休む(やすむ) 쉬다
- 担当者(たんとうしゃ) 담당자
- 送る(おくる) 보내다
- 気分が 悪い(きぶん・わるい) 속이 좋지 않다

회화 체크 63

- 店員(てんいん) 점원
- 自分で(じぶん) 스스로
- コピーを 取る(とる) 복사를 하다
- たまには 가끔은
- 後輩(こうはい) 후배

회화 본문 64

- インターン 인턴
- 働く(はたらく) 일하다
- おめでとう ございます 축하해요
- 社会人(しゃかいじん) 사회인
- 先輩(せんぱい) 선배
- 手伝う(てつだう) 돕다
- 大事だ(だいじ) 중요하다
- 言葉遣い(ことばづかい) 말투
- 例えば(たとえば) 예를 들면

듣기 연습 65

- 入学式(にゅうがくしき) 입학식
- 写真(しゃしん) 사진
- 急ぐ(いそぐ) 서두르다
- 先に(さき) 먼저
- 朝ご飯(あさごはん) 아침밥
- 服(ふく) 옷
- 着る(きる) 입다
- 掃除する(そうじ) 청소하다

문형연습

01 특수 겸양어 ~하다

동사	겸양어
いる 있다	おる 있다
行く 가다	参る 가다 / 오다
来る 오다	
言う 말하다	申す 말하다
食べる 먹다 / 飲む 마시다	いただく 먹다 / 마시다 / 받다
もらう 받다	
あげる 주다	さしあげる 드리다
見る 보다	拝見する 보다
会う 만나다	お目に かかる 만나뵙다
聞く 물어보다	伺う 여쭈다 / 방문하다
訪問する 방문하다	
知って いる 알고 있다	存じて おる 알고 있다
する 하다	いたす 하다

- 先週、木村さんの 作品を **拝見しました**。 지난주에 기무라 씨의 작품을 보았습니다.
- 明日、そちらへ **伺っても** よろしいでしょうか。 내일 그쪽에 찾아뵈도 괜찮을까요?
- その ことは よく **存じて おります**。 그 일은 잘 알고 있습니다.
- 担当者を 呼んで **参ります**。 담당자를 불러 오겠습니다.
- 韓国から **参りました** キムと 申します。 한국에서 온 김이라고 합니다.
- **お目に かかる** ことが できて 本当に 嬉しいです。 만나뵙게 되어 정말 기쁩니다.

- 弟は 先生に 日本の 本を **いただきました。** 남동생은 선생님께 일본 책을 받았습니다.
- (私は) 部長に ワインを **さしあげました。** (나는) 부장님께 와인을 드렸습니다.

02 お + [동사의 ます형] + する / いたす ~하다 / ~해 드리다

- 荷物が たくさん ありますね。一つ **お持ち します。**
  짐이 많네요. 하나 들어 드리겠습니다.
- **お手伝い いたしましょうか。** 도와드릴까요?
- 資料は メールで **お送り いたします。** 자료는 메일로 보내 드리겠습니다.

03 お / ご + [명사] + する / いたす ~하다 / ~해 드리다

- **ご案内 します。** 안내하겠습니다.
- **ご説明 いたします。** 설명해 드리겠습니다.
- **ご報告 します。** 보고하겠습니다.
- **お電話 いたします。** 전화 드리겠습니다.

회화

ご家族の ことは 伺って おりました 67

パク はじめまして。パクゆりと 申します。

母親 はじめまして。田中の 母で ございます。
息子が いつも お世話に なって おります。

パク いいえ、こちらこそ 田中さんには いつも お世話に なって おります。ご家族の ことは 田中さんから 時々 伺って おりましたので、お目に かかれて とても 嬉しいです。

………

パク あら！もう 10時ですね。そろそろ 帰らないと…。では、今日は これで 失礼 いたします。
明日 10時頃 お迎えに 参ります。

母親 はい、今日は 本当に ありがとう ございました。
お気を つけて。

해석

박유리 : 처음 뵙겠습니다. 박유리라고 합니다.

어머니 : 처음 뵙겠습니다. 다나카의 엄마입니다.
아들이 항상 신세지고 있습니다.

박유리 : 아니요, 저야말로 다나카 씨에게는 항상 신세지고 있습니다. 가족분들 얘기는 다나카 씨에게 가끔 들었기 때문에, 만나뵐 수 있게 되어 매우 기쁩니다.

………

박유리 : 어머! 벌써 10시네요. 슬슬 가봐야….
그럼 오늘은 이쯤에서 실례하겠습니다.
내일 10시쯤 모시러 가겠습니다.

어머니 : 네, 오늘은 정말 감사합니다.
조심해서 가세요.

듣기연습

01 다음을 듣고 괄호 안에 일치하는 번호를 써 넣으세요. 68

시나리오

① 私も 拝見しましたが、よく 分かりません。	① 저도 봤습니다만, 잘 모르겠습니다.
② 先生の ことは よく 存じて おります。	② 선생님에 대해서는 잘 알고 있습니다.
③ 田中先生には 前に 一度 お目に かかった ことが あります。	③ 다나카 선생님은 전에 한 번 뵌 적이 있습니다.
④ 息子なら、今 家には おりませんが。	④ 아들이라면 지금 집에는 없습니다만.

02 다음을 듣고 일치하는 그림을 골라 보세요. 69

시나리오

① 男 サラダ、お取り しましょうか。 女 お願いします。	① 남 : 샐러드 드릴까요? 여 : 부탁합니다.
② 男 その かばん、重く ありませんか。よかったら、お持ち しますよ。 女 あ、すみません。	② 남 : 그 가방 무겁지 않으세요? 괜찮으면 들어드릴게요. 여 : 아, 감사합니다.
③ 男 ご飯、もう 少し 召し上がりませんか。 女 いただきます。	③ 남 : 밥 조금 더 드시지 않겠어요? 여 : 잘 먹겠습니다.

第09課 ご家族の ことは 伺って おりました

단어 총정리

문형연습 70

- 先週 지난주
- 作品 작품
- よろしい '괜찮다'의 공손어
- 担当者 담당자
- 呼ぶ 부르다
- 弟 남동생
- 部長 부장(님)
- ワイン 와인
- 資料 자료
- 案内 안내
- 説明 설명
- 報告 보고

체크 포인트 71

- 来週 다음 주
- そちら 그쪽
- 訪問 방문
- 手紙 편지
- 以前 이전
- 知って いる 알다
- 返す 돌려주다
- 相談する 상담하다
- 改めて 다시 한번
- 連絡 연락
- 会場 회장
- お手洗い 화장실
- あちら 저쪽
- 出かける 나가다, 외출하다

회화 본문 72

- ～と 申す ~라고 말씀드리다
- ～で ございます ~입니다
- 息子 아들
- お世話に なる 신세지다
- 家族 가족
- 時々 때때로, 가끔씩
- 伺う 듣다(「聞く」의 겸양어)
- お目に かかる 만나뵙다
- 失礼 いたします 실례하겠습니다
- ～頃 ~쯤
- 迎える 마중가다
- 参る 가다, 오다

듣기 연습 73

- サラダ 샐러드
- 重い 무겁다
- もう 少し 조금 더

문형연습

01 특수 존경어　~하시다

동사	존경어
いる 있다	いらっしゃる 계시다 / 가시다 / 오시다
行く 가다	
来る 오다	
言う 말하다	おっしゃる 말씀하시다
する 하다	なさる 하시다
くれる 주다	くださる 주시다
寝る 자다	お休みに なる 주무시다
知って いる 알다	ご存じだ 아시다
見る 보다	ご覧に なる 보시다
食べる 먹다	召し上がる 드시다
飲む 마시다	

TIP

♣「いらしゃる・おっしゃる・なさる・くださる」의 정중형은 불규칙 활용을 한다.
~る → い + ます
예 いらっしゃいます。

▷ コーヒーと お茶と どちらを **召し上がりますか。**
커피와 차 중 어느 것을 드시겠습니까?

▷ 一度 こちらへ **いらしゃって** ください。 한 번 이쪽에 와 주십시오.

▷ 田中さん、何と **おっしゃいましたか。** 다나카 씨는 뭐라고 말씀하셨습니까?

▷ 先生、この 写真を **ご覧に なりましたか。** 선생님, 이 사진을 보셨나요?

02 お + [동사의 ます형] + に なる ~하시다

▷ 課長は いつ頃 お戻りに なりますか。 과장님은 언제쯤 돌아오십니까?

▷ パクさんは お出かけに なりましたか。 박 씨는 외출하셨나요?

▷ 今朝の 新聞、お読みに なりましたか。 오늘 아침 신문 읽으셨어요?

03 お / ご + [명사] + なさる ~하시다

▷ どこで 日本語を お勉強 なさいましたか。 어디서 일본어를 공부하셨습니까?

▷ 田中先生が ご連絡 なさいましたよ。 다나카 선생님께서 연락하셨어요.

▷ ご自分で お料理 なさいますか。 스스로 요리하시나요?

회화

どうぞ 召(め)し上(あ)がって ください 75

パク　おはよう ございます。

母親　はい、ゆりさん、おはよう ございます。
どうぞ お入(はい)りください。

パク　おじゃまします。

母親　どうぞ おかけください。

パク　はい、ありがとう ございます。

母親　よろしかったら お菓子(かし)でも 召(め)し上(あ)がって ください。

パク　いただきます。お母様(かあさま)、この お菓子(かし) おいしいですね。どちらの お菓子(かし)ですか。

母親　うちの 近所(きんじょ)で 買(か)ったものですが、たくさん ありますので よろしかったら お土産(みやげ)に どうぞ。

パク　ありがとう ございます。それじゃ、遠慮(えんりょ)なく いただきます。

해석

박유리 : 안녕하세요.

어머니 : 네, 유리 씨 안녕하세요. 어서 들어오세요.

박유리 : 실례하겠습니다.

어머니 : 자, 앉으세요.

박유리 : 네, 감사합니다.

어머니 : 괜찮으면 과자라도 드세요.

박유리 : 잘 먹겠습니다. 어머니, 이 과자 맛있네요. 어디 과자인가요?

어머니 : 우리집 가까운 곳에서 산 것인데, 많이 있으니까 괜찮으면 선물로 드릴게요.

박유리 : 감사합니다. 그럼 사양않고 잘 먹겠습니다.

듣기연습

01 다음을 듣고 괄호 안에 일치하는 번호를 써 넣으세요. 76

시나리오

① これから 中村先生(なかむらせんせい)が スピーチを なさいます。	① 지금부터 나카무라 선생님께서 스피치를 하시겠습니다.
② 中村先生(なかむらせんせい)なら 学校(がっこう)に いらっしゃいます。	② 나카무라 선생님이라면 학교에 계십니다.
③ 中村先生(なかむらせんせい)なら もう お帰(かえ)りに なりました。	③ 나카무라 선생님이라면 이미 집에 돌아가셨습니다.
④ 中村先生(なかむらせんせい)、どうぞ お入(はい)り ください。	④ 나카무라 선생님, 어서 들어오십시오.

02 다음 대화 후 남자는 무엇을 하는지 a, b 둘 중에서 고르세요. 77

시나리오

① 女 何(なに)か お飲(の)みに なりますか。	① 여 : 뭔가 마시겠습니까?
男 はい、お願(ねが)いします。	남 : 네, 부탁합니다.
② 女 この パソコン、よかったら お使(つか)いください。	② 여 : 이 컴퓨터, 괜찮으면 쓰세요.
男 では、お言葉(ことば)に 甘(あま)えて。	남 : 그럼 (사양않고) 그렇게 하겠습니다.
③ 女 どうぞ、召(め)し上(あ)がって ください。	③ 여 : 자, 어서 드세요.
男 はい、いただきます。	남 : 네, 잘 먹겠습니다.
④ 女 何時(なんじ)ごろ 出(で)られますか。	④ 여 : 몇 시쯤 나가십니까?
男 会議(かいぎ)が 終(お)わったら、すぐ。	남 : 회의가 끝나면, 바로.

단어 총정리

문형연습 78

- □ 課長(かちょう) 과장(님)
- □ ～頃(ごろ) ～쯤
- □ 戻(もど)る 돌아가(오)다
- □ 今朝(けさ) 오늘 아침
- □ 少々(しょうしょう) 잠시
- □ かける 앉다
- □ 至急(しきゅう) 급히

체크 포인트 79

- □ 作品(さくひん) 작품
- □ これ以上(いじょう) 이 이상, 더 이상
- □ しばらく 잠시
- □ 住所(じゅうしょ) 주소
- □ 危(あぶ)ない 위험하다
- □ 注意(ちゅうい)する 주의하다
- □ 宅配便(たくはいびん) 택배
- □ 送(おく)る 보내다
- □ タオル 수건

회화 본문 80

- □ おじゃまします 실례하겠습니다
- □ お菓子(かし) 과자
- □ 召(め)し上(あ)がる 드시다 (「食(た)べる」의 존경어)
- □ いただく 받다 (「もらう」의 겸양어)
- □ 近所(きんじょ) 근처
- □ お土産(みやげ) 선물
- □ 遠慮(えんりょ)なく 사양 않고

듣기 연습 81

- □ スピーチ 스피치
- □ お言葉(ことば)に 甘(あま)えて 말씀을 받아들여 사양않고
- □ 会議(かいぎ) 회의
- □ 終(お)わる 끝나다

ICHIBAN (いちばん)은 일본어로
'최고, 으뜸'이라는 뜻입니다.

가르치기 쉽고, 배우기 쉬운 新교수법·新학습법

EASY ICHIBAN 일본어

いちばん

1 핵심포인트 Key point
2 문형연습 Pattern Drill
3 체크포인트 Check point
4 회화체크 Conversation Check-up
5 회화문 Real Conversation

新교수법·新학습법!

가르치기 쉽고 배우기 쉬운 新교수법·新학습법을 도입하여
일본어를 보다 쉽게 배울 수 있도록 제시한 새로운 학습 방법입니다.